Siebert • Leasing oder Kredit – eine steuerliche Vergleichsrechnung

Leasing oder Kredit –
eine steuerliche Vergleichsrechnung

Von
Hanns-Peter Siebert

Verlag Siebert Köln

Die Deutsche Bibliothek - CIP-Einheitsaufnahme

Siebert, Hanns-Peter:
Leasing oder Kredit : eine steuerliche Vergleichsrechnung / Hanns-Peter Siebert. - Köln : H.-P. Siebert; [Norderstedt] : [Books on Demand GmbH], 2001
ISBN 3-8311-2500-7

Hanns-Peter Siebert
Postfach 860 283
51024 Köln

www.verlag-siebert.de

Coverfotos: BilderBox.com

Herstellung: Books on Demand GmbH, Norderstedt

ISBN 3-8311-2500-7

Vorwort

Mit den in der Bundesrepublik Deutschland weiterhin jährlich ansteigenden gesamtwirtschaftlichen Investitionen und den darin enthaltenen Ausrüstungsinvestitionen steigt auch der Finanzierungsbedarf der Unternehmen und der privaten Haushalte.

Seit die ersten Leasinggesellschaften Anfang der sechziger Jahre des letzten Jahrhunderts ihren Geschäftsbetrieb in Deutschland aufgenommen haben, ist die Bedeutung dieser Finanzierungsform stetig angestiegen. In den letzten Jahren betrug die Mobilien-Leasingquote, das ist der Anteil leasingfinanzierter Investitionen an den Ausrüstungsinvestitionen, zwischen 18% und 20%. Betrachtet man den Anteil der Leasingfinanzierungen innerhalb der Fremdfinanzierungen, so beträgt nach Schätzungen die Leasingquote 50%, d.h. es werden genauso viele Investitionen via Leasing finanziert wie durch Kreditaufnahme.

Leasinggesellschaften werben für ihre Dienstleistung häufig mit dem Argument der Steuerstundung und Steuerersparnis durch Leasing. Belegt wird dies jedoch selten. Mit diesem Buch möchte ich eine kurzgefasste, aber verständliche, Einführung in die steuerrechtlichen Grundlagen des Leasing bzw. der Kreditfinanzierung geben. Ferner soll die Möglichkeit einer steuerlichen Vergleichsrechnung für diese beiden Finanzierungsalternativen vorgestellt werden, anhand derer eine individuelle Aussage über die steuerliche Vorteilhaftigkeit der einen oder anderen Wahl der Finanzierung getroffen werden kann. Zahlreiche Beispiele und Abbildungen dienen der Verdeutlichung.

Im Anhang sind die für das Verständnis wichtigsten Erlasse der Finanzverwaltung abgedruckt.

Köln, im Sommer 2001 *Hanns-Peter Siebert*

Inhaltsverzeichnis

Abkürzungsverzeichnis

a. a. O.	am angegebenen Ort
Abs.	Absatz
AfA	Absetzung für Abnutzung
AktG	Aktiengesetz
Anm.	Anmerkung
AO	Abgabenordnung
BFH	Bundesfinanzhof
BGB	Bürgerliches Gesetzbuch
BGBl.	Bundesgesetzblatt
BGH	Bundesgerichtshof
BMF	Bundesminister/Bundesministerium der Finanzen
bspw.	beispielsweise
BStBl.	Bundessteuerblatt
bzw.	beziehungsweise
d.h.	das heißt
EFG	Entscheidungen der Finanzgerichte (Zeitschrift)
EStG	Einkommensteuergesetz
EStR	Einkommensteuerrichtlinie
etc.	et cetera
EuGH	Europäischer Gerichtshof
evtl.	eventuell
f.	folgend
ff.	folgende
FG	Finanzgericht
FinMin	Finanzminister/Finanzministerium
GmbHG	Gesetz betreffend die Gesellschaften mit beschränkter Haftung (GmbH-Gesetz)
GewStG	Gewerbesteuergesetz
GewStR	Gewerbesteuerrichtlinie
ggf.	gegebenenfalls

H	Hinweis
HGB	Handelsgesetzbuch
i.d.R.	in der Regel
i.S.v.	im Sinne von
i.V.m.	in Verbindung mit
KStG	Körperschaftsteuergesetz
lt.	laut
m. E.	meines Erachtens
Nr.	Nummer
o.g.	oben genannt (-e, -es, -er)
R	Richtlinie
S.	Seite
sog.	sogenannt (-e,-es,-er)
SolZG	Solidaritätszuschlaggesetz
u.a.	unter anderem
UStG	Umsatzsteuergesetz
UStR	Umsatzsteuerrichtlinie
v.	vom
VerbrKrG	Verbraucherkreditgesetz
vgl.	vergleiche
z.B.	zum Beispiel

Symbolverzeichnis

A	Auszahlung
a	Annuität
A_0	Anschaffungskosten bzw. Fremdkapitalsumme
AfA	steuerliche Abschreibung/Absetzung für Abnutzung
AUS	Auszahlung
C	Kapitalwert vor Steuern
c	Annuität
C_s	Kapitalwert nach Steuern
C^{KA}	Kapitalwert vor Steuern bei Kreditfinanzierung mit Annuitätentilgung
C_s^{KA}	Kapitalwert nach Steuern bei Kreditfinanzierung mit Annuitätentilgung
C^{KR}	Kapitalwert vor Steuern bei Kreditfinanzierung mit Ratentilgung
C_s^{KR}	Kapitalwert nach Steuern bei Kreditfinanzierung mit Ratentilgung
C^L	Kapitalwert vor Steuern bei Leasing
C_s^L	Kapitalwert nach Steuern bei Leasing
$C_{VA_1}^L$	Kapitalwert vor Steuern bei Leasing (Vollamortisationsvertrag ohne Kauf- bzw. Mietverlängerungsoption)
$C_{VA_2}^L$	Kapitalwert vor Steuern bei Leasing (Vollamortisationsvertrag mit Kaufoption)
$C_{VA_3}^L$	Kapitalwert vor Steuern bei Leasing (Vollamortisationsvertrag mit Mietverlängerungsoption)
$C_{TA_1}^L$	Kapitalwert vor Steuern bei Leasing (Teilamortisationsvertrag mit Andienungsrecht des Leasinggebers)

$C^{L}_{TA_2}$	Kapitalwert vor Steuern bei Leasing (Teilamortisationsvertrag mit Aufteilung des Mehrerlöses)
$C^{L}_{TA_3}$	Kapitalwert vor Steuern bei Leasing (kündbarer Teilamortisationsvertrag mit Abschlusszahlung)
ΔESt_t^{KA}	Einkommensteueränderung der Periode *t* bei Kreditfinanzierung mit Annuitätentilgung
ΔESt_t^{KR}	Einkommensteueränderung der Periode *t* bei Kreditfinanzierung mit Ratentilgung
ΔESt_t^{L}	Einkommensteueränderung der Periode *t* bei Leasingfinanzierung
$\Delta ESt/KiSt/SolZ_t^{KA}$	Änderung der Einkommen-, Kirchensteuer und des Solidaritätszuschlages der Periode *t* bei Kreditfinanzierung mit Annuitätentilgung
$\Delta ESt/KiSt/SolZ_t^{KR}$	Änderung der Einkommen-, Kirchensteuer und des Solidaritätszuschlages der Periode *t* bei Kreditfinanzierung mit Ratentilgung
$\Delta ESt/KiSt/SolZ_t^{L}$	Änderung der Einkommen-, Kirchensteuer und des Solidaritätszuschlages der Periode *t* bei Leasingfinanzierung
$\Delta GewSt_t^{KA}$	Gewerbesteueränderung der Periode *t* bei Kreditfinanzierung mit Annuitätentilgung
$\Delta GewSt_t^{KR}$	Gewerbesteueränderung der Periode *t* bei Kreditfinanzierung mit Ratentilgung
$\Delta GewSt_t^{L}$	Gewerbesteueränderung der Periode *t* bei Leasingfinanzierung
ΔKSt_t^{KA}	Körperschaftsteueränderung der Periode *t* bei Kreditfinanzierung mit Annuitätentilgung
ΔKSt_t^{KR}	Körperschaftsteueränderung der Periode *t* bei Kreditfinanzierung mit Ratentilgung
ΔKSt_t^{L}	Körperschaftsteueränderung der Periode *t* bei Leasingfinanzierung
$\Delta KSt/SolZ_t^{KA}$	Änderung der Körperschafsteuer und des Solidaritätszuschlages der Periode *t* bei Kreditfinanzierung mit Annuitätentilgung

$\Delta KSt\,/\,SolZ_t^{KR}$	Änderung der Körperschaftsteuer und des Solidaritätszuschlages der Periode *t* bei Kreditfinanzierung mit Ratentilgung
$\Delta KSt\,/\,SolZ_t^{L}$	Änderung der Körperschaftsteuer und des Solidaritätszuschlages der Periode *t* bei Leasingfinanzierung
E	Einzahlung
$GewE^*$	Gewerbeertrag vor Abzug der Gewerbesteuer
$GewSt$	Gewerbesteuer
HS	Gewerbesteuer-Hebesatz
i	Kalkulationszinsfuß vor Steuern
i_s	Kalkulationszinsfuß nach Steuern
K_0	Anfangskapital
K_n	Endkapital
KSt	Körperschaftsteuer
l_t^G	Leasingrate der Periode *t* während der Grundmietzeit
l_t^V	Leasingrate der Periode *t* während der Mietverlängerungszeit
n	Laufzeit, Nutzungsdauer
n_B	wirtschaftliche Nutzungsdauer
n_G	Grundmietzeit
n_K	Kreditlaufzeit
n_V	Mietverlängerungszeit
p	Zinssatz
q	Aufzinsungsfaktor
q_s	Aufzinsungsfaktor nach Steuern
$R_{n_G}^L$	Kaufpreis/Andienungspreis für das Leasingobjekt nach Ablauf der Grundmietzeit
$R_{n_V}^L$	Kaufpreis/Andienungspreis für das Leasingobjekt nach Ablauf der Mietverlängerungszeit

RS	Restschuld
RS_k	Restschuld in der Periode k
s^{ESt}	Einkommensteuersatz
s_e^{ESt}	kombinierter Steuersatz s^{KSt}, s^{KiSt} und s^{SolZ}
s^{Gew}	Gewerbesteuersatz
s^{KSt}	Körperschaftsteuersatz
s_e^{KSt}	kombinierter Steuersatz s^{KSt} und s^{SolZ}
s^{KiSt}	Kirchensteuersatz
SMB	Gewerbesteuer-Messbetrag
$SolZ$	Solidaritätszuschlag
s^{SolZ}	Solidaritätszuschlagsatz
t	Periodenindex
T	Tilgungsanteil
T_k	Tilgungsanteil in der Periode k
T_t	Tilgungsanteil in der Periode t
$V_{n_B}^K$	Veräußerungserlös abzüglich Veräußerungskosten, die der Kreditnehmer bei Veräußerung des Objektes am Ende der wirtschaftlichen Nutzungsdauer erzielt
$V_{n_B}^L$	Veräußerungserlös abzüglich Veräußerungskosten, die der Leasingnehmer bei Veräußerung des Leasingobjektes am Ende der wirtschaftlichen Nutzungsdauer erzielt
$V_{n_G}^L$	Mehrerlösbeteiligung/Abschlusszahlung des Leasingnehmers bei kündbarem Teilamortisationsvertrag mit Aufteilung des Mehrerlöses am Ende der Grundmietzeit
$V_{n_V}^L$	Mehrerlösbeteiligung/Abschlusszahlung des Leasingnehmers bei kündbarem Teilamortisationsvertrag mit Aufteilung des Mehrerlöses am Ende der Mietverlängerungszeit
z	jährliche Zinszahlungen

Z_k	Zinsanteil in der Periode *k*
$Z_{n_G}^L$	Schlussrate des Leasingnehmers bei kündbarem Teilamortisationsvertrag mit Abschlusszahlung am Ende der Grundmietzeit
$Z_{n_V}^L$	Schlussrate des Leasingnehmers bei kündbarem Teilamortisationsvertrag mit Abschlusszahlung am Ende der Mietverlängerungszeit
ZVE	zu versteuerndes Einkommen i.S.v. § 32a i.V.m. § 2 Abs. 5 EStG bzw. § 7 Abs. 1 KStG

Erster Teil: Steuerliche Vorschriften

1 Entscheidungsalternativen: Leasing oder Kreditkauf

1.1 Begriff und Erscheinungsformen des Leasing

1.1.1 Begriffsdefinition

Der Begriff ***Leasing*** leitet sich vom englischen Verb *to lease* = „mieten, pachten, vermieten, verpachten" ab. Ein Leasingvertrag kann als Vertrag beschrieben werden, durch den sich ein Leasinggeber verpflichtet, bewegliche oder unbewegliche Vermögensgegenstände (Leasingobjekte) für unbestimmte oder bestimmte Zeit einem Leasingnehmer zum Gebrauch zu überlassen.[1] Der deutsche Gesetzgeber hat – bis auf die Erwähnung der Leasingverträge in § 3 Abs. 2 Nr. 1 VerbrKrG – von einer Kodifizierung des Leasingrechtes abgesehen. Die zivilrechtliche Einordnung des Leasingvertrages ist umstritten. Häufig wird bei einem Finanzierungs-Leasingvertrag über Mobilien von einem „Vertrag sui generis" gesprochen, einem eigenständigen Vertragstyp, der sowohl kauf-, darlehens- als auch mietrechtliche Elemente enthält. Der BGH hält jedoch in erster Linie die zivilrechtlichen Regelungen des Mietrechtes nach den §§ 535 ff. BGB für maßgebend.[2]

Die Leasingobjekte werden vom Leasinggeber als Vermieter nach den Bedürfnissen und Vorstellungen des häufig von vornherein feststehenden Leasingnehmers als Mieter angeschafft oder hergestellt. Nach Ablauf der Mietzeit, der sog. **Grundmietzeit**, muss der Leasingnehmer das Leasingobjekt entweder an den Leasinggeber zurückgeben oder er kann bestimmte Optionsrechte ausüben.

Die nachstehende Abbildung verdeutlicht die Vertragsbeziehungen:

---

[1] Vgl. BGH v. 30.09.1987, BB 1987, S. 2260-2262

[2] Vgl. BGH v. 8.10.1975, BB 1976, S. 157; BGH v. 9.3.1977, BGHZ 1, S. 182-188

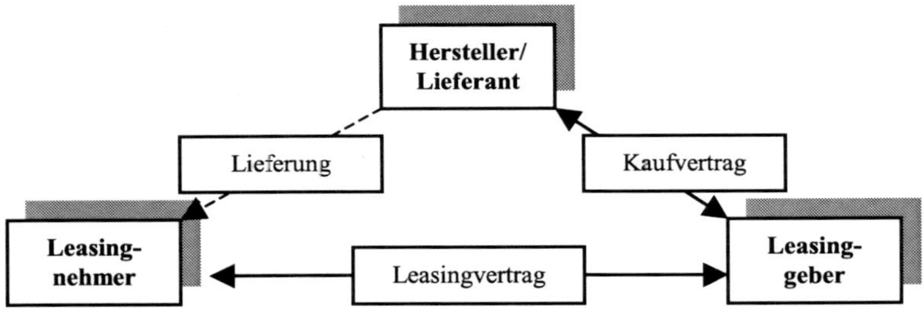

Abbildung 1: „Das typische Leasingdreieck"

Der wirtschaftliche Zweck des Finanzierungs-Leasing ist in Deutschland die zeitlich begrenzte Kapitalüberlassung zur Finanzierung einer Investition. Somit kann die Leasingrate auch als annuitätische Tilgung einer Schuld verstanden werden. Die Rückzahlung muss nicht nur den Tilgungsbetrag, sondern auch die anfallenden Zinsen und die Gewinnmarge des Leasinggebers umfassen.

Manche Leasinggesellschaften kalkulieren ihren Margenanspruch als **Zinsmargenaufschlag** p.a. auf die Kapitalkosten, d.h. auf den Kostenzins.

Beispiel	
Anschaffungskosten:	100.000 €
Laufzeit:	5 Jahre, d.h. 60 Monate
Kostenzins:	6,0% p.a.
Zinsmarge:	2,0% p.a.
Kalkulationszins:	8,0% p.a.
Leasingrate:	2.014,21 € monatlich vorschüssig

Häufig wird jedoch ein Deckungsbeitrag als **Barwertmarge** kalkuliert, der den Anschaffungs-/Herstellungskosten zugeschlagen wird und über die gesamte Vertragslaufzeit amortisiert wird.

Beispiel	
Anschaffungskosten:	100.000 €
Laufzeit:	5 Jahre, d.h. 60 Monate
Kostenzins:	6,0% p.a.
Barwertmarge:	4,707%, bezogen auf die Anschaffungskosten = 4.707 €
	Es sind somit 104.707 € zu tilgen.
Leasingrate:	2.014,21 € monatlich vorschüssig

Unabhängig von der Kalkulationsmethode handelt es sich jedoch immer um die Zins- und Tilgungsleistung für die im Rahmen der Investition verwendeten Geldmittel.

1.1.2 Unterscheidung nach Leasinggebern

Die Anbieterseite von Leasingfinanzierungen kann in **institutionelle Leasinggeber** und **Hersteller-Leasinggeber** eingeteilt werden. Die institutionellen Leasinggesellschaften bieten herstellerunabhängig Produkte von verschiedenen Herstellern im o.g. typischen Leasingdreieck an, das Betreiben von Leasinggeschäften ist ihr regelmäßiger Geschäftsgegenstand.

Beim Hersteller-Leasing (Produzenten-Leasing) dagegen werden innerhalb des Unternehmens bzw. Konzerns selbst hergestellte Güter verleast. Hier tritt der Hersteller oder Händler selbst oder über eine Tochtergesellschaft als Leasinggeber auf. Neben dem Finanzierungsinteresse des Leasingnehmers tritt ein Absatzinteresse des Herstellers/Händlers. Die Leasinggesellschaft dient in diesem Fall der Absatzförderung des Herstellers bzw. Händlers.

Rund 50% der gesamten Leasingfinanzierungen werden durch Hersteller-Leasinggeber erbracht.

1.1.3 Unterscheidung nach Leasingobjekten

Anhand der Leasingobjekte kann eine Einteilung in Mobilien-Leasing und Immobilien-Leasing vorgenommen werden. Handelt es sich bei dem Leasingobjekt um ein bewegliches Wirtschaftsgut, spricht man von Mobilien-Leasing. Gegenstände, über die Immobilien-Leasingverträge abgeschlossen werden, sind dagegen unbewegliche Wirtschaftsgüter. Die Unterscheidung zwischen Mobilien-Leasing und Immobilien-Leasing ist wichtig für die Beantwortung der Frage nach der steuerlichen Zurechnung der Leasingobjekte. Die Finanzverwaltung hat in unterschiedlichen Erlassen zu dieser Frage Stellung genommen.[3]

1.1.4 Unterscheidung nach der Verteilung des Investitionsrisikos

In Deutschland werden Leasingverträge in „**Operating-Leasing**" und „**Finance-Leasing**" bzw. „**Finanzierungs-Leasing**" eingeteilt. Diese Unterscheidung geht auf die Rechtsprechung des BFH zurück.[4]

Unter „Operating-Leasing" wird die kurzfristige Vermietung von Investitionsgütern verstanden, so dass sich der Leasingnehmer jederzeit durch Kündigung des Vertrages vom Leasingobjekt trennen kann. Das Investitionsrisiko, d.h. das Risiko der Fehlinvestition bzw. der fehlenden Einsatzmöglichkeit und Wiederverwendbarkeit etc., verbleibt beim Leasinggeber. Dagegen liegt beim „Finanzierungs-Leasing" eine fest vereinbarte Grundmietzeit vor, in der der Vertrag sowohl vom Leasingnehmer als auch vom Leasinggeber nicht gekündigt werden darf.[5] Regelmäßig handelt es sich hier um einen mittel- bis langfristigen Vertrag, bei dem der Leasingnehmer das Investitionsrisiko trägt.

Durch die Übernahme des Investitionsrisikos durch den Leasingnehmer stellt sich (nur) beim „Finanzierungs-Leasing" die Frage, ob die vorgesehene Investition durch Kreditfinanzierung oder durch Leasing finanziert werden soll. Somit kann „Finanzierungs-Leasing" als Alternative zur Kreditfinanzierung bezeichnet werden. Daher wird im Folgenden nur noch das „Finanzierungs-Leasing" im Vergleich zum Kreditkauf betrachtet.

---

[3] Vgl. Gliederungspunkt 2.2.1 sowie BMF v. 19.04.1971, BStBl. I 264 und v. 22.12.1975, BB 1976, S. 72 zum Mobilien-Leasing sowie BMF v. 21.03.1972, BStBl. I 188 und 23.12.1991, BStBl. I 1992, 13 zum Immobilien-Leasing

[4] Vgl. BFH v. 26.1.1970, BStBl. II 264

[5] Vgl. BGH v. 5.4.78, BGHZ 71, S. 196-206

1.1.5 Unterscheidung nach der Amortisation

Beim „Finanzierungs-Leasing“ wird regelmäßig eine Unterscheidung in **Teilamortisationsverträge**[6] und **Vollamortisationsverträge**[7] vorgenommen. Von Teilamortisationsverträgen spricht man, wenn die während der Grundmietzeit vom Leasingnehmer zu zahlenden Leasingraten nicht zur vollen Amortisation der Anschaffungs- bzw. Herstellungskosten einschließlich der angefallenen Zins- und Verwaltungskosten des Leasinggebers führen. Regelmäßig werden jedoch zusätzliche Vereinbarungen zwischen dem Leasinggeber und dem Leasingnehmer über die weitere Verwendung des Leasingobjektes nach Ablauf der Grundmietzeit geschlossen, die bspw. ein Andienungsrecht des Leasinggebers gegenüber dem Leasingnehmer bzw. eine Abschlusszahlung des Leasingnehmers beinhalten. Somit ist eine vollständige Amortisation der Kosten des Leasinggebers sichergestellt. Aus diesem Grund ist die Bezeichnung „*Teilamortisationsvertrag*“ nicht ganz zutreffend.

Vollamortisationsverträge liegen dagegen vor, wenn die Leasingraten, die der Leasingnehmer innerhalb der unkündbaren Grundmietzeit an den Leasinggeber zu entrichten hat, zu einer vollen Amortisation der o.g. Kosten führen.[8]

Der Gewinnzuschlag des Leasinggebers ist bei der Frage, ob ein Teilamortisations- oder ein Vollamortisationsvertrag vorliegt, in den zu amortisierenden Betrag mit einzubeziehen. Dem externen Betrachter (einschließlich dem Leasingnehmer) wird die Kalkulation des Leasinggebers nicht in einer solchen Form offengelegt, durch die er eine Aufteilung in Tilgungsanteil, Zins- und laufende Verwaltungskosten einerseits und Gewinnaufschlag des Leasinggebers andererseits vornehmen könnte.

---

6 häufig auch als „Non-Full-Pay-Out“-Verträge bezeichnet.

7 häufig auch als „Full-Pay-Out“-Verträge bezeichnet.

8 Die Finanzverwaltung sieht nur bei einem Vollamortisationsvertrag einen Fall des „Finanzierungsleasing“, vgl. BMF v. 19.04.1971, a.a.O.. Bei Teilamortisationsverträgen hingegen wird kein „Finanzierungsleasing“ angenommen, vgl. BMF v. 22.12.1975, a.a.O.

1.2 Begriff und Erscheinungsformen des Kreditkaufes

1.2.1 Begriffsdefinition

Der Begriff „Kreditkauf" wird häufig mit unterschiedlichen Bedeutungen belegt. Zum einen versteht man unter Kreditkauf den Kauf von Wirtschaftsgütern, bei dem die Bezahlung des Kaufpreises durch den Käufer erst zu einem späteren Zeitpunkt erfolgt und der Verkäufer den Kaufpreis bis zu diesem Zeitpunkt kreditiert. Im Gegensatz zum Barkauf wird der Kaufpreis mit einem Zahlungsziel in einer Summe oder durch Raten erbracht. In diesen Fällen handelt es sich meist um einen kurzfristigen Lieferantenkredit, für den zwar regelmäßig keine gesondert ausgewiesenen Zinsen gezahlt werden, die Verzinsung jedoch vom Lieferanten bereits in den Kaufpreis einkalkuliert wurde und beim Barkauf vom Käufer durch Skontoabzug hätte vermieden werden können.

Zum anderen wird unter „Kreditkauf" die Finanzierung des Kaufes eines Investitionsobjektes durch Darlehensaufnahme bei einem Kreditinstitut verstanden. Der Kaufpreis wird vom Käufer bar bezahlt, die für die Kaufpreiszahlung benötigten Geldmittel werden durch Kreditaufnahme finanziert. Rechtlich gesehen ist jeder Kredit, mit dem einem Kreditnehmer Geldmittel zur Verfügung gestellt werden, ein Darlehen i.S.v. § 607 BGB. Bei einem Darlehen handelt es sich um einen Vertrag, bei dem der Darlehensgeber als Gläubiger dem Darlehensnehmer als Schuldner Geld oder andere vertretbare Sachen mit der Verpflichtung überlässt, ihm diese in Sachen von gleicher Art, Güte und Menge zurückzuerstatten.

Der Kreditkauf als Lieferantenkredit hat regelmäßig nur kurzfristigen Charakter. Darlehensaufnahmen zur Finanzierung von Investitionsgütern haben jedoch eine mittel- bis langfristige Dauer. Auch die Leasingfinanzierung hat langfristigen Charakter. Daher kann nur diese mit einer langfristigen Darlehensfinanzierung verglichen werden.

1.2.2 Unterscheidung nach Kreditgebern

Zum einen kann der Hersteller oder Händler im Rahmen des Lieferantenkredites Kreditgeber sein. Er kreditiert die Kaufpreiszahlung durch die Gewährung längerer Zahlungsziele. Hier steht eindeutig das Absatzinteresse des Herstellers/Händlers im Vordergrund.

Bei nicht am Erwerbsvorgang beteiligten Dritten als Geldgeber handelt es sich regelmäßig um Kreditinstitute. Die Gewährung von Gelddarlehen ist eines ihrer Bankgeschäfte. Nicht der Absatz der Produkte, sondern die Kreditvergabe stehen im Vordergrund ihrer Geschäftstätigkeit.

1.2.3 Unterscheidung nach der Fristigkeit

Kredite werden regelmäßig nach der Fristigkeit in kurz-, mittel- und langfristige Finanzierungen unterteilt. Die genaue Definition der Zeitspannen „kurz-“, „mittel-“ und „langfristig“ ist jedoch problematisch, da zwischen den einzelnen Fristigkeiten keine natürliche oder allgemein verbindliche Abgrenzung besteht. Als Beispiel für mittel- bzw. langfristige Finanzierungen können jedoch Investitionskredite mit einer Laufzeit von 8 bis 15 Jahren genannt werden.

1.2.4 Unterscheidung nach der Fälligkeit und Tilgung

Die Kriterien *Fälligkeit* und *Tilgung* wirken sich auf die jeweilige Höhe der Zinsen und auf die Liquiditätsabflüsse für Zins und Tilgung aus.

Als Grundformen der Ausgestaltung sind im langfristigen Kreditgeschäft neben dem Festdarlehen die Ratendarlehen und die Annuitätendarlehen zu nennen.

Beim **Festdarlehen** erfolgt die Tilgung nach einer im Vorfeld fest vereinbarten Laufzeit in einem Betrag, die Zinsen sind jeweils am Ende der einzelnen Zinsabrechnungsperioden zu entrichten.

Beispiel

Kreditbetrag:	100.000 €
Kreditlaufzeit:	10 Jahre
Zinssatz:	6,0% p.a., jährlich nachschüssig
Tilgung:	am Ende der Laufzeit in einem Betrag.

Der Kreditnehmer hat jährlich 6.000 € Zinsen an den Geldgeber zu zahlen. Am Ende der Laufzeit, also am Ende des 10. Jahres, erfolgt die Tilgung in Höhe von 100.000 €.

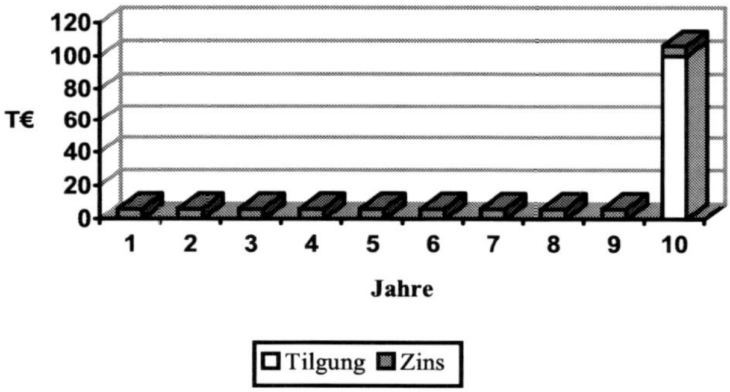

Abbildung 2: „Festdarlehen“

Ein **Ratendarlehen** wird in regelmäßigen (monatlichen, viertel-, halb- oder ganzjährigen) Abständen mit gleich hohen Beträgen über die gesamte Laufzeit getilgt. Dabei wird im Vorfeld ein fester Betrag vom Ursprungskapital als jährliche Tilgungsleistung vereinbart. Der Tilgungsanteil bleibt also konstant. Da Zinsen nur für den jeweilig offenstehenden Restbetrag des Darlehens anfallen, ermäßigt sich während der Laufzeit der Schuldendienst (Zins und Tilgung) bei gleichbleibendem Zinssatz linear.

Beispiel

Kreditbetrag:	100.000 €
Kreditlaufzeit:	10 Jahre
Zinssatz:	6,0% p.a., jährlich nachschüssig

Der Kreditbetrag wird in zehn gleichen Raten a 10.000 € zurückgezahlt. Die Zinsen werden jährlich nachschüssig berechnet und nehmen aufgrund der Tilgung kontinuierlich linear ab.

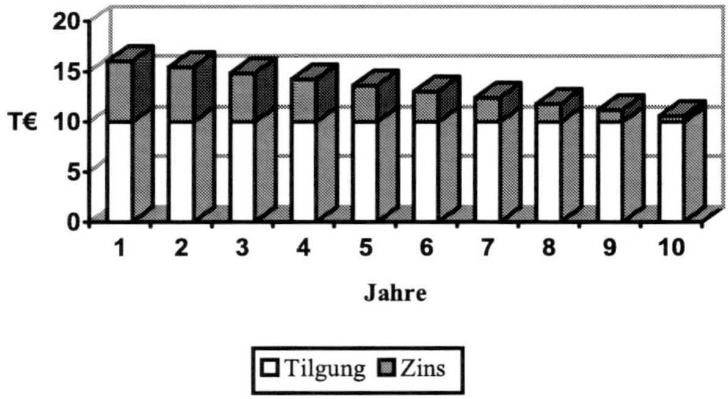

Abbildung 3: "Ratendarlehen"

Bei einem **Annuitätendarlehen** ist die (Jahres-)Belastung des Kreditnehmers durch Tilgung und Verzinsung während der gesamten Laufzeit des Kredites konstant. Die Tilgungsleistung nimmt, bedingt durch die abnehmende Zinsbelastung aufgrund der zwischenzeitlich getätigten Tilgung, kontinuierlich zu.

Beispiel

Kreditbetrag:	100.000 €
Kreditlaufzeit:	10 Jahre
Zinssatz:	6,0% p.a., jährlich nachschüssig

Die Annuität beträgt bei nachschüssiger Zins- und Tilgungsverrechnung 13.597 € p.a.

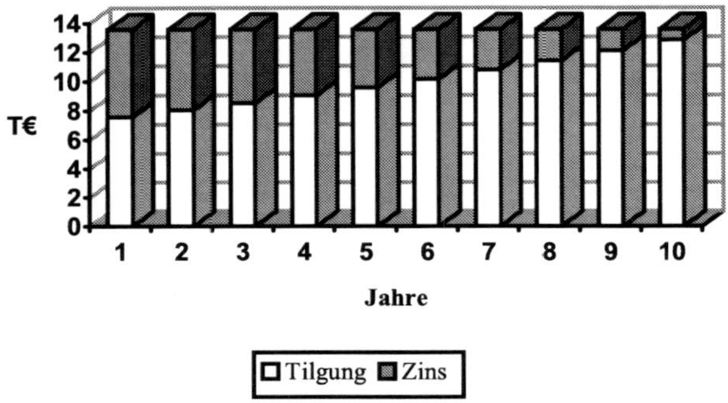

Abbildung 4: „Annuitätendarlehen“

Diese Kredite sind meist zweckgebunden zur Beschaffung von bestimmten Maschinen, EDV-Anlagen, Geschäftseinrichtungen etc. Sie werden regelmäßig einzelfallbezogen zwischen Kreditgeber und Kreditnehmer ausgehandelt und stellen somit eine Individualfinanzierung dar. Häufig bieten jedoch Kreditgeber für kleinere und mittlere Unternehmen auch standardisierte Vertragsarten, sog. Programmkredite, an.

2 Bilanzielle und steuerliche Betrachtung bei Leasing und Kreditkauf im Betriebsvermögen

2.1 Vorbemerkungen

Die Einkommen- und die Körperschaftsteuer gehören zu den sog. Personensteuern, die Gewerbesteuer hingegen ist eine Realsteuer. Während bei der Einkommen- und Körperschaftsteuer Personen Steuersubjekte sind, ist bei der Gewerbesteuer Steuerobjekt der Gewerbebetrieb. Bei der Einkommensteuer sind Steuersubjekte natürliche Personen, bei der Körperschaftsteuer sind dies die im Körperschaftsteuergesetz genannten Körperschaften.

Nach § 2 Abs. 1 EStG unterliegen der Einkommensteuer die

1. Einkünfte aus Land- und Forstwirtschaft
2. Einkünfte aus Gewerbebetrieb
3. Einkünfte aus selbständiger Arbeit
4. Einkünfte aus nichtselbständiger Arbeit
5. Einkünfte aus Kapitalvermögen
6. Einkünfte aus Vermietung und Verpachtung
7. Sonstige Einkünfte i.S.d. § 22 EStG[9]

Bei den unter Nr. 1 bis 3 aufgeführten Einkunftsarten bilden die Wirtschaftsgüter, die für die Einkunftserzielung verwendet werden, regelmäßig das **Betriebsvermögen** des Steuerpflichtigen. Dieses wird – von wenigen Ausnahmen abgesehen[10] - im Rahmen des Bestandsvergleiches (Betriebsvermögensvergleiches) in der Bilanz des Steuerpflichtigen ausgewiesen.

---

[9] hierbei ist anzumerken, dass unter den Sonstigen Einkünften i.S.d. § 22 EStG im Gesetz eine genau abgegrenzte Aufzählung der unter diese Einkunftsart fallenden Einkünfte erfolgt.

[10] Dagegen beinhaltet die Gewinnermittlung nach § 4 Abs. 3 EStG keinen Bestandsvergleich, sondern eine Einnahme-Überschuss-Rechnung. Bei den betrieblich genutzten Wirtschaftsgütern handelt es sich dennoch um Betriebsvermögen. Lediglich gewillkürtes Betriebsvermögen kommt grundsätzlich nicht in Betracht, vgl. H 16 Abs. 6 EStR „Geduldetes" gewillkürtes Betriebsvermögen.

Handelt es sich bei dem zu betrachtenden Unternehmen um eine Kapitalgesellschaft (Aktiengesellschaft bzw. Gesellschaft mit beschränkter Haftung), so sind diese nach §§ 238 ff., 264 ff. HGB i.V.m. § 3 Abs. 1 AktG, § 13 Abs. 3 GmbHG zur Buchführung verpflichtet und erzielen nach § 8 Abs. 2 KStG Einkünfte aus Gewerbebetrieb. Bei allen der Kapitalgesellschaft zuzurechnenden Wirtschaftsgütern handelt es sich um Betriebsvermögen. Alle Investitionen, die eine Kapitalgesellschaft tätigt, sind dem Betriebsvermögen zuzurechnen.

Handelt es sich bei dem Unternehmen jedoch um ein Einzelunternehmen bzw. eine Personengesellschaft, so können drei Arten von Vermögen des Unternehmens unterschieden werden, und zwar

1. notwendiges Betriebsvermögen
2. gewillkürtes Betriebsvermögen
3. notwendiges Privatvermögen

Wirtschaftsgüter stellen dann **notwendiges Betriebsvermögen** dar, wenn sie entweder nach ihrer Nutzung überwiegend für Zwecke des Betriebes eingesetzt werden oder wenn sie nach ihrer Funktion im Betrieb des Steuerpflichtigen nur Betriebsvermögen sein können.

Wirtschaftsgüter können immer dann zum **gewillkürten Betriebsvermögen** gemacht werden, wenn sie weder dem notwendigen Betriebsvermögen noch dem notwendigen Privatvermögen zuzurechnen sind. Durch die Wahl des Steuerpflichtigen, die in der Regel durch Aufnahme in seine Bilanz ausgedrückt wird, wird deutlich, ob er das Wirtschaftsgut als gewillkürtes Betriebsvermögen oder als (gewillkürtes) Privatvermögen behandeln möchte.

Auch bei der Zuordnung eines Wirtschaftsgutes zum **notwendigen Privatvermögen** ist vorrangig auf die Nutzung abzustellen und erst, wenn diese keinen Anhaltspunkt für eine Zuordnung ergibt, auf die Funktion, die das Wirtschaftsgut für den Betrieb des Steuerpflichtigen hat.

Bei den Einkunftsarten Nr. 4 bis 7 existiert kein Betriebsvermögen. Wirtschaftsgüter, die für die Erzielung dieser Einkunftsarten verwendet werden, sind dem (notwendigen) Privatvermögen zuzuordnen.

2.2 Zurechnung der Objekte und bilanzielle Behandlung

2.2.1 Leasing

Die steuerrechtliche Problematik des Leasing[11] hängt zentral von der Frage nach der Zurechnung des Leasingobjektes ab. Hierbei ist zu klären, ob das Leasingobjekt in der Bilanz des Leasinggebers oder in der Bilanz des Leasingnehmers auszuweisen ist. Mit Beantwortung dieser Frage wird auch entschieden, ob es sich bei dem Leasingvertrag steuerlich um eine Nutzungsüberlassung oder um einen Abzahlungskauf handelt.

Nach § 39 Abs. 1 AO wird steuerlich das Wirtschaftsgut grundsätzlich dem bürgerlich-rechtlichen Eigentümer zugerechnet. Der zivilrechtliche Eigentümer ist regelmäßig der Leasinggeber. Übt jedoch ein Anderer die tatsächliche Herrschaft über ein Wirtschaftsgut in der Weise aus, dass er den juristischen, d.h. bürgerlich-rechtlichen, Eigentümer im Regelfall für die gewöhnliche Nutzungsdauer von den Einwirkungen darauf ausschließen kann, ist das Wirtschaftsgut nach § 39 Abs. 2 AO dem steuerlichen Vermögen des Anderen zuzurechnen.[12] In diesem Fall spricht man von der Zurechnung zum wirtschaftlichen Eigentümer.[13]

Bei der Zurechnung sind zwei Fragen zu beachten:

---

11 Hier sei daran erinnert, dass im folgenden mit „Leasing" immer nur Finanzierungs-Leasing in Abgrenzung zum Operating-Leasing gemeint ist und sich der Autor auf den Bereich der Mobilien beschränkt.

12 Es wird jedoch auch die Auffassung vertreten, die wirtschaftliche Zurechnung in der Steuerbilanz ist auf den Maßgeblichkeitsgrundsatz des § 5 Abs. 1 EStG zu stützen. Die praktische Bedeutung dieses Meinungsstreites wird jedoch zur Zeit als gering angesehen.

13 Der Begriff geht auf den Finanzausschuss des Deutschen Bundestages zurück.

- Wer hat den Ertrag aus dem Wirtschaftsgut, d.h. wer verfügt über die Erträge während der wirtschaftlichen Nutzungsdauer?
- Wem gehört die Chance der Wertsteigerung und wer trägt das Risiko der Wertminderung, die bei der Verwertung des Wirtschaftsgutes realisiert werden?

Der BFH hat mit seinem Urteil v. 26.01.1970[14] die erste grundlegende und richtungsweisende Entscheidung für die Frage der steuerlichen Zurechnung von Leasingobjekten (hier: Vollamortisationsvertrag über Mobilien) getroffen. Die in diesem Urteil entwickelte Definition des wirtschaftlichen Eigentums ist bei der Neufassung des § 39 AO, der zum 01.01.1977 in Kraft trat, vom Gesetzgeber übernommen worden. Somit haben die vor der Neufassung des § 39 AO ergangenen BFH-Urteile wie auch die entsprechenden Erlasse der Finanzverwaltung weiterhin Gültigkeit.[15]

Der BFH kommt in der o. g. Entscheidung zu dem Ergebnis, dass die persönliche Zurechnung von Leasingobjekten zum Leasinggeber bzw. Leasingnehmer jeweils nach den Umständen des Einzelfalles beurteilt werden muss. Hierbei ist die wirtschaftliche Betrachtungsweise maßgebend. So ist beim Vollamortisationsvertrag das Leasingobjekt dem Leasingnehmer zuzurechnen, wenn

- die betriebsgewöhnliche Nutzungsdauer und die Grundmietzeit sich annähernd decken oder
- die betriebsgewöhnliche Nutzungsdauer zwar erheblich länger ist als die Grundmietzeit, dem Leasingnehmer jedoch eine Mietverlängerungs- oder Kaufoption eingeräumt worden ist, die lediglich einer Anerkennungsgebühr gleichkommt oder
- sog. „Spezialleasing" vorliegt, d. h. das Leasingobjekt speziell auf die Bedürfnisse des Leasingnehmers zugeschnitten ist und somit nur noch bei diesem eine wirtschaftlich sinnvolle Verwendung möglich ist.

Die Finanzverwaltung hat in über 30 Verfügungen und Erlassen zur steuerlichen Behandlung von Leasinggeschäften Aussagen getroffen;

---

[14] Vgl. BFH v. 26.01.1970, a.a.O.

[15] Vgl. auch H 13 Abs. 1 „Leasing" EStR mit Verweis auf die BMF-Schreiben v. 19.04.1971, a.a.O. und v. 22.12.75, a.a.O.

jedoch werden im Mobilien-Leasing nur zwei davon verkürzt als „Leasingerlasse" bezeichnet, in denen die Finanzverwaltung zur ertragsteuerlichen Behandlung von Leasinggeschäften über bewegliche Wirtschaftsgüter Stellung genommen hat:

- BMF-Schreiben vom 19.04.1971 zu Vollamortisationsverträgen im Mobilien-Leasing[16]
- BMF-Schreiben vom 22.12.1975 zu Teilamortisationsverträgen im Mobilien-Leasing[17]

Es wird in beiden Erlassen darauf hingewiesen, dass für die Zurechnung der Leasingobjekte grundsätzlich die Gesamtumstände des Einzelfalles zu berücksichtigen sind.

Vorab eine Übersicht über die in den Leasingerlassen angesprochenen Vertragsformen:

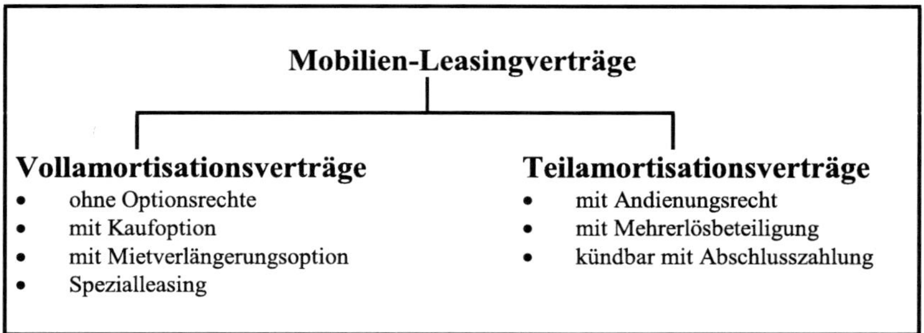

Abbildung 5: „Vertragsformen des Leasing im Überblick"

---

[16] Vgl. BMF v. 19.04.1971, a.a.O.

[17] Vgl. BMF v. 22.12.1975, a.a.O.

Nach Abschnitt II Nr. 1 des BMF-Schreibens v. 19.04.1971 zu **Vollamortisationsverträgen** im Mobilien-Leasing werden im Rahmen des Finanzierungs-Leasing von beweglichen Wirtschaftsgütern folgende Vertragstypen unterschieden:

a) Leasingverträge ohne Kauf- oder Verlängerungsoption
Nach Ablauf der Grundmietzeit hat der Leasingnehmer das Leasingobjekt an den Leasinggeber zurückzugeben. Weitere Rechte oder Pflichten bestehen nicht. Für die Frage, ob das Leasingobjekt dem Leasinggeber oder dem Leasingnehmer als wirtschaftlichem Eigentümer zuzurechnen ist, kommt es auf das Verhältnis der Grundmietzeit zur betriebsgewöhnlichen Nutzungsdauer des Leasingobjektes an.

b) Leasingverträge mit Kaufoption
Der Leasingnehmer hat das Recht, nach Ablauf der Grundmietzeit das Leasingobjekt zu einem schon zu Beginn fest vereinbarten Kaufpreis zu erwerben. Zum einen ist für die Zurechnung des wirtschaftlichen Eigentums das Verhältnis der Grundmietzeit zur betriebsgewöhnlichen Nutzungsdauer entscheidend; zum anderen wird als Abgrenzungskriterium auf das Verhältnis des bei Ausübung der Kaufoption vorgesehenen Kaufpreises zum Restbuchwert oder niedrigeren gemeinen Wert des Leasingobjektes zum Zeitpunkt der Veräußerung abgestellt. Für die Ermittlung des Restbuchwertes ist die lineare AfA nach der amtlichen AfA-Tabelle maßgebend.

c) Leasingverträge mit Mietverlängerungsoption
Der Leasingnehmer hat das Recht, nach Ablauf der Grundmietzeit das Vertragsverhältnis auf bestimmte oder unbestimmte Zeit zu verlängern. Leasingverträge ohne Mietverlängerung werden wie solche mit Mietverlängerung behandelt, wenn nach Ablauf der Grundmietzeit eine Vertragsverlängerung für den Fall vorgesehen ist, dass keine der beiden Vertragsparteien das Vertragsverhältnis kündigt. Für die Beantwortung der Frage, wem das Leasingobjekt als wirtschaftlichem Eigentümer zuzurechnen ist, ist das Verhältnis der Grundmietzeit zur betriebsgewöhnlichen Nutzungsdauer maßgeblich. Daneben ist das Verhältnis der Anschlussmiete zum Werteverzehr des Leasingobjektes in der Verlängerungszeit des Leasingvertrages entscheidend. Der Werteverzehr wird auf der Basis des unter Berücksichtigung der linea-

ren AfA nach der amtlichen AfA-Tabelle ermittelten Restbuchwertes oder des niedrigeren gemeinen Wertes und der Restnutzungsdauer lt. AfA-Tabelle zum Zeitpunkt der Mietverlängerung ermittelt.

d) Verträge über Spezialleasing
Hierbei handelt es sich um Verträge über Leasingobjekte, die speziell auf die Verhältnisse des Leasingnehmers zugeschnitten sind und nach Ablauf der Grundmietzeit regelmäßig nur noch beim Leasingnehmer wirtschaftlich sinnvoll verwendbar sind.

Sowohl für die Ermittlung der betriebsgewöhnlichen Nutzungsdauer für die Frage der Vertragslaufzeit als auch für die Frage der Kaufpreisermittlung bei einer Kaufoption bzw. der Verlängerungsmiete bei einer Mietverlängerungsoption sind die Nutzungsdauern der **amtlichen AfA-Tabelle** maßgebend. Eine im Falle der Zurechnung zum Leasingnehmer bei ihm mögliche betriebsindividuelle und somit kürzere Nutzungs- und Abschreibungsdauer ist unmaßgeblich.

Folgende Tabelle gibt Auskunft über die Zurechnung bei Vollamortisationsverträgen des Mobilien-Leasings:

Verhältnis von Grundmietzeit und betriebsgewöhnlicher Nutzungsdauer des Gegenstandes beim Mobilien-Leasing	**Zurechnung zum**
1. Grundmietzeit beträgt weniger als 40% der Nutzungsdauer	Leasingnehmer
2. Grundmietzeit beträgt mehr als 90% der Nutzungsdauer	Leasingnehmer
3. Grundmietzeit beträgt mindestens 40% bis höchstens 90% der Nutzungsdauer a) ohne Kauf- oder Verlängerungsoption	Leasinggeber
b) mit Kaufoption und b1) Kaufpreis mindestens so hoch wie der Buchwert laut amtlicher AfA-Tabelle unter Berücksichtigung der linearen AfA oder wie der niedrigere gemeine Wert im Veräußerungszeitpunkt	Leasinggeber
b2) Kaufpreis niedriger als unter b1)	Leasingnehmer

Verhältnis von Grundmietzeit und betriebsgewöhnlicher Nutzungsdauer des Gegenstandes beim Mobilien-Leasing	Zurechnung zum
3. Grundmietzeit beträgt mindestens 40% bis höchstens 90% der Nutzungsdauer	
c) mit Mietverlängerungsoption und c1) Anschlussmiete mindestens so hoch wie der Werteverzehr des Gegenstandes (Ermittlung des Buchwertes laut amtlicher AfA-Tabelle bei linearer AfA oder niedrigerer gemeiner Wert und Restnutzungsdauer)	Leasinggeber
c2) Anschlussmiete niedriger als unter c1)	Leasingnehmer
4. Spezialleasing	Leasingnehmer

Abbildung 6: „Wirtschaftliche Zurechnung beim Vollamortisationsvertrag (Mobilien)"

Die Frage der Zurechnung lässt sich folgendermaßen erklären: Zunächst wird geprüft, wem der Ertrag aus der Nutzung des Leasingobjektes zusteht. Übersteigt die unkündbare Grundmietzeit 90% der betriebsgewöhnlichen Nutzungsdauer, so ist das Objekt annähernd dauerhaft vom Leasingnehmer genutzt; die Frage nach einer evtl. Chance bzw. Risiko aus der Substanzverwertung ist unbeachtlich.

Bei einer Vollamortisation innerhalb von unter 40% der betriebsgewöhnlichen Nutzungsdauer geht die Finanzverwaltung von nicht offengelegten Kaufoptionen des Leasingnehmers aus. Wirtschaftlich ist kein Grund erkennbar, dass ein Leasingnehmer innerhalb von nur (maximal) 39,9% der betriebsgewöhnlichen Nutzungsdauer die Anschaffungs-/Herstellungskosten des Leasingobjektes vollständig amortisiert, ohne Übernahmemöglichkeiten des Objektes zu sehr günstigen Konditionen zu haben. Man nimmt in diesem Fall einen versteckten Ratenkauf an.

Liegt die unkündbare Grundmietzeit zwischen 40% und 90% der betriebsgewöhnlichen Nutzungsdauer, so ist zu prüfen, ob dem Leasingnehmer durch weitergehende Vereinbarungen die Chance der Wertsteigerung **und** das Risiko der Wertminderung zusteht. Dies ist bspw. bei Kaufoptionen unterhalb des linearen Restbuchwertes/gemeinen Wertes im Veräußerungszeitpunkt bzw. bei günstigen Mietverlängerungsoptionen der Fall.

Zur steuerlichen Behandlung der Leasingverträge über bewegliche Wirtschaftsgüter bei **Teilamortisationsverträgen** hat der BMF auf Anfrage des Deutschen Leasing-Verbandes mit Schreiben vom 22.12.1975 Stellung genommen. Gemeinsames Merkmal der in diesem Schreiben behandelten Vertragsarten ist neben der Teilamortisation, dass eine unkündbare Grundmietzeit zwischen 40% und 90% der betriebsgewöhnlichen Nutzungsdauer vereinbart wurde. In dem Schreiben werden folgende drei Vertragsmodelle unterschieden:

a) Vertragsmodell mit Andienungsrecht des Leasinggebers, jedoch ohne Optionsrecht des Leasingnehmers
Hier ist der Leasingnehmer auf Verlangen des Leasinggebers verpflichtet, das Leasingobjekt zu einem bereits bei Abschluss des Leasingvertrages vereinbarten Kaufpreis zu übernehmen. Der Leasingnehmer hat jedoch kein Kaufoptionsrecht.
b) Vertragsmodell mit Aufteilung des Mehrerlöses, der durch eine Veräußerung des Leasingobjektes nach Ablauf der Grundmietzeit entsteht
In diesen Fällen wird, sofern der Veräußerungserlös die notwendige Restamortisation übersteigt, ein bestimmter Anteil des die Restamortisation übersteigenden Betrages an den Leasingnehmer ausgezahlt. Unter Restamortisation werden die noch nicht durch die Leasingraten gedeckten Anschaffungs- bzw. Herstellungskosten einschließlich der Nebenkosten des Leasinggebers verstanden.
c) Kündbarer Mietvertrag mit Anrechnung des Veräußerungserlöses auf die vom Leasingnehmer zu leistende Schlusszahlung
Bei diesem Vertragsmodell muss der Leasingnehmer eine Schlusszahlung in Höhe der noch nicht gedeckten Gesamtkosten des Leasinggebers leisten. Auf diese Schlusszahlung wird der Veräußerungserlös, den der Leasinggeber aus der Veräußerung des Leasingobjektes erzielt, bis zu einem vorher vereinbarten Betrag angerechnet.

Über die Ausprägung der Zurechnungskriterien und der damit verbundenen Entscheidung über die Zurechnung des wirtschaftlichen Eigentums am Leasingobjekt bei Teilamortisationsverträgen gibt nachfolgende Tabelle Auskunft:

Verhältnis von Grundmietzeit und betriebsgewöhnlicher Nutzungsdauer des Gegenstandes beim Mobilien-Leasing	**Zurechnung zum**
1. Grundmietzeit beträgt weniger als 40% der Nutzungsdauer	Leasingnehmer
2. Grundmietzeit beträgt mehr als 90% der Nutzungsdauer	Leasingnehmer
3. Grundmietzeit beträgt mindestens 40% bis höchstens 90% der Nutzungsdauer a) mit Andienungsrecht des Leasinggebers	Leasinggeber
b) mit Mehrerlösbeteiligung Von der die Restamortisation übersteigenden Mehrerlöses erhält der Leasingnehmer • maximal 75% • mehr als 75%	 Leasinggeber Leasingnehmer
c) mit Kündigungsrecht und Abschlusszahlung des Leasingnehmers • Anrechnung des Veräußerungserlöses bis zu maximal 90%, übersteigende Beträge stehen dem Leasinggeber zu • ansonsten	 Leasinggeber Leasingnehmer

Abbildung 7: „Wirtschaftliche Zurechnung beim Teilamortisationsvertrag (Mobilien)“

Man spricht von einem „*erlasskonformen Leasingvertrag*“, wenn sich die Vertragsgestaltungen nach dem Inhalt der Leasingerlasse richten und somit eine Zurechnung des Leasingobjektes zum Leasinggeber erfolgt.

Wird eine Vertragsart gewählt, die nicht in den Leasingerlassen geregelt ist, so ist die Zurechnung nach den allgemeinen Regeln vorzunehmen. So führen beispielsweise Verträge mit Doppeloptionen (Andienungsrecht des Leasinggebers und Kaufoption des Leasingnehmers) regelmäßig zur Zurechnung des Leasingobjektes zum Leasingnehmer, da dieser die Chance der Wertsteigerung ebenso inne hat wie er das Risiko der Wertminderung trägt.

2.2.2 Kreditkauf

Auch beim Kreditkauf gilt, dass das Wirtschaftsgut nach § 39 Abs. 1 AO grundsätzlich dem bürgerlich-rechtlichen Eigentümer zuzurechnen ist.

Bei einem **Lieferantenkredit** braucht der Käufer trotz der Nutzung der gekauften Güter den Kaufpreis nicht sofort zu entrichten. Als wichtigstes Kreditsicherungsmittel wird der Eigentumsvorbehalt vereinbart. Die gesetzliche Regelung des Eigentumsvorbehaltes findet sich in § 455 BGB. Die Übertragung des bürgerlich-rechtlichen Eigentums vom Verkäufer auf den Käufer erfolgt unter der aufschiebenden Bedingung der vollständigen Zahlung des Kaufpreises. Der Verkäufer bleibt nach wie vor bürgerlich-rechtlicher Eigentümer, der Käufer erwirbt erst mit vollständiger Bezahlung des Kaufpreises das Eigentum an dem Wirtschaftsgut.

In diesen Fällen ist das Wirtschaftsgut dem Käufer als dem wirtschaftlichen Eigentümer zuzurechnen. Der Käufer hat die unter Eigentumsvorbehalt erworbenen Gegenstände zu aktivieren und die Verbindlichkeiten aus der Kaufpreiszahlung zu passivieren.

Sobald jedoch der Eigentumsvorbehalt, bspw. wegen Nichtzahlung des vereinbarten Kaufpreises, geltend gemacht wird, sind die Wirtschaftsgüter wieder dem zivilrechtlichen Eigentümer zuzurechnen und vom ihm zu bilanzieren.

Wird das Wirtschaftsgut vom Lieferanten geliefert und der Kaufpreis vom Empfänger durch Kreditaufnahme finanziert, so ist das Objekt im Zeitpunkt des zivilrechtlichen Erfüllungsgeschäftes (Lieferung) beim Erwerber zu bilanzieren. Gleichzeitig mit der Kreditaufnahme ist diese als Verbindlichkeit zu passivieren.

Zu den wichtigsten Realsicherheiten gehört die Sicherungsübereignung von (durch die Kreditmittel erworbenen) Gegenständen. Diese dient dem Kreditgeber bei einer Darlehensgewährung zur Verminderung des Verlustrisikos in der Abwicklungsphase des Kredites, sofern dieser nicht vollständig vom Kreditnehmer zurückgezahlt wird. Der Kreditgeber als Gläubiger erhält das treuhänderische Eigentum an diesen Objekten (Sicherungsgut). Die Übergabe des Sicherungsgutes wird durch die Vereinbarung eines Besitzkonstitutes gemäß § 930 BGB ersetzt.

Durch die Sicherungsübereignung wird erreicht, dass der Sicherungsgeber unmittelbarer Besitzer des Sicherungsgutes bleibt und dies in seinem Unternehmen weiter nutzen kann. Der Gläubiger kann von dem ihm zustehenden Eigentum nur insoweit Gebrauch machen, als es zur Befriedigung der Forderung notwendig ist.

Die Zurechnung von Wirtschaftsgütern, die zur Sicherung übereignet sind, ist explizit in § 39 Abs. 2 Nr. 1 S. 2 AO geregelt. Danach ist beim Sicherungseigentum das Wirtschaftsgut dem Sicherungsgeber zuzurechnen. Er hat es zu bilanzieren, solange der Sicherungsnehmer keinen Herausgabeanspruch geltend macht.

2.3 Steuerliche Behandlung von Leasing und Kreditkauf

2.3.1 Einkommensteuer

Die Höhe des als Bemessungsgrundlage für die tarifliche Einkommensteuer dienenden „zu versteuernden Einkommens" (§ 2 Abs. 5 EStG) wird maßgeblich bestimmt durch die Ermittlung der Einkünfte. Nach § 2 Abs. 2 EStG sind die Einkünfte bei Land- und Forstwirtschaft, Gewerbebetrieb und selbständiger Arbeit der Gewinn, bei den anderen Einkunftsarten der Überschuss der Einnahmen über die Werbungskosten.

Grundsätzlich wird bei den Gewinneinkünften der steuerliche Gewinn mit Hilfe des sog. Betriebsvermögensvergleiches (Bestandsvergleich) nach § 4 Abs. 1 EStG ermittelt. Steuerpflichtige, die nicht buchführungspflichtig sind und auch nicht freiwillig Bücher führen bzw. Abschlüsse machen, können den Gewinn durch Einnahme-Überschuss-Rechnung gemäß § 4 Abs. 3 EStG ermitteln. Buchführungspflichtige Gewerbetreibende haben jedoch die Vorschrift des § 5 EStG zu beachten.

Obwohl überwiegend also der Bestandsvergleich zur Anwendung kommt, darf nicht verkannt werden, dass das Betriebsvermögen maßgeblich durch Betriebseinnahmen und Betriebsausgaben beeinflusst wird.

Durch unterschiedliche gesetzliche Vorschriften ergeben sich zwischen Einzelunternehmen/Personengesellschaften und Kapitalgesellschaften teilweise erhebliche ertragsteuerliche Belastungsunterschiede. Insbesondere ist hier die Gewerbesteuer zu nennen, bei der die Kapitalgesellschaften bspw. Vergütungen für die Mitarbeit des Gesellschafters, Zinsen für Gesellschafterdarlehen oder auch Mieten für vom Gesellschafter überlassene Wirtschaftsgüter steuermindernd abziehen können. Dagegen werden solche Zahlungen bei Einzelunternehmen/Personengesellschaften nicht als Betriebsausgaben anerkannt. Der Gesetzgeber hat in vielfältiger Weise versucht, diese Mehrbelastung der Einzelunternehmen/Personengesellschaften auszugleichen.

Auch ist bei diesen Gewerbetreibenden ab dem Veranlagungszeitraum 2001 der neue § 35 EStG zu beachten. § 35 Abs. 1 EStG enthält eine Begünstigungsregelung, die bei Einkünften aus Gewerbebetrieb eine Ermäßigung der tariflichen Einkommensteuer um das 1,8-fache des Gewerbesteuermessbetrages vorsieht, soweit diese anteilig auf im zu versteuernden Einkommen enthaltene gewerbliche Einkünfte entfällt.

Die Zielsetzung des Gesetzgebers war es, bei einem Gewerbesteuer-Hebesatz von 400% eine weitgehende Entlastung gewerblicher Einkünfte von der Gewerbesteuer herbeizuführen. Dies sollte durch eine Entlastung bei der Einkommensteuer erreicht werden.

Beispielhaft wir die Wirkung des § 35 EStG bei einem Gewerbesteuer-Hebesatz von 400% anhand folgender Tabelle dargestellt:

	Gewinn vor Steuern		120,0
-	Gewerbesteuer	-	20,0 [18]
=	Gewinn nach Gewerbesteuer	=	100,0
-	Einkommensteuer des Gesellschafters (48,5%)	-	48,5
+	Steuerermäßigungsbetrag (1,8 · 0,05 · Gewinn nach GewSt)	+	9,0
=	Gewinn nach GewSt und ESt		60,5
	Gesamtsteuerbelastung (in % des Gewinns vor Steuern)		59,5 (49,6%)

Abbildung 8: „Steuerermäßigung nach § 35 EStG"

Mit einer Gesamtsteuerbelastung von 49,6% im Ergebnis wird eine fast vollständige Entlastung von der Gewerbesteuer (im Vergleich zur Einkommensteuer vor Anwendung des § 35 EStG i.H.v. 48,5%) erreicht.

Leasingraten etc. und Zinszahlungen können Betriebsausgaben sein. Die Behandlung der Zahlungen des Leasingnehmers an den Leasinggeber als Betriebsausgaben und somit die Abzugsfähigkeit bei der Gewinnermittlung hängt maßgeblich von der Zurechnung des Leasingobjektes zum Leasinggeber bzw. Leasingnehmer ab.

Liegt das wirtschaftliche Eigentum des Leasingobjektes beim Leasinggeber, so sind die Leasingraten während der Grundmietzeit sowie die in einer evtl. Mietverlängerung gezahlten Mietverlängerungsraten als Mietzins zu werten und als Betriebsausgaben bei der Ermittlung des Einkommens nach § 4 Abs. 4 EStG zu berücksichti-

[18] Zur Ermittlung der Gewerbesteuer vgl. Kapitel 5.3.2

gen. Sie sind bei der Gewinnermittlung durch Betriebsvermögensvergleich nach § 5 EStG als Aufwand in dem Jahr zu erfassen, in dem sie wirtschaftlich verursacht sind.

Degressive Leasingraten, die nach Auffassung des BFH[19] und des BMF[20] beim Immobilien-Leasing in gleichbleibende Beträge aufzuteilen sind, sind beim Mobilien-Leasing in vereinbarter Höhe Betriebsausgaben, sofern es sich nicht um Mietvorauszahlungen für spätere Jahre bzw. Mietperioden handelt. Denn die Leasingrate spiegelt der Wert der Nutzungsüberlassung wider. Bei einem gebrauchten Objekt ist dieser Wert aber geringer als bei einem neuen Wirtschaftsgut. Auch muss der Leasingnehmer bei einem gebrauchten Objekt höhere Reparatur- und Instandsetzungsaufwendungen leisten. Daher kann die Leasingrate für ein gebrauchtes Objekt geringer als für ein fabrikneues Objekt, bzw. die Leasingraten eines Vertrages können degressiv (fallend) gestaltet sein.[21]

Progressive Leasingraten sind ebenfalls steuerlich anzuerkennen.

Einmalige **Sonderzahlungen**, die der Leasingnehmer bei Vertragsabschluß zu leisten hat, kommen einer **Mietvorauszahlung** gleich. Für Mietvorauszahlungen sind bei Leasingnehmern, die ihren Gewinn durch Betriebsvermögensvergleich nach § 5 EStG ermitteln, aktive Rechnungsabgrenzungsposten nach § 5 Abs. 5 S. 1 Nr. 1 EStG zu bilden, die linear über die unkündbare Grundmietzeit aufzulösen sind. Das bedeutet, dass nur die lineare Auflösungsposition in den einzelnen Wirtschaftsjahren als Betriebsausgaben gewinnmindernd geltend gemacht werden kann. Vormieten sind wie Mietvorauszahlungen zu behandeln.

---

[19] Vgl. BFH v. 12.08.1982, BStBl. II 696
[20] Vgl. BMF v. 10.10.1983, BStBl. I 431
[21] Vgl. BFH v. 28.02.2001, BB 2001, S. 1457 f.

Beispiel
Bei Abschluss eines Leasingvertrages am 01.10.01 muss der Leasingnehmer eine einmalige Sonderzahlung i.H.v. 6.000 € zahlen. Die Grundmietzeit des Leasingvertrages beträgt 5 Jahre = 60 Monate.

Pro Monat sind steuerlich nur 100 € der Sonderzahlung als zusätzliche Mietzahlung gewinnmindernd zu erfassen. Steuerlich abzugsfähig sind daher in

01 (01.10-31.12):	300 €
02:	1.200 €
03:	1.200 €
04:	1.200 €
05:	1.200 €
06 (01.01-30.09):	900 €

Wird hingegen beim Leasingnehmer der Gewinn nach § 4 Abs. 3 EStG, also durch Einnahme-Überschuss-Rechnung, ermittelt, so stellt die Sonderzahlung im Jahre des Abflusses eine abzugsfähige Betriebsausgabe dar.[22] Eine (lineare) Verteilung auf die Dauer der Grundmietzeit darf nicht erfolgen.

Mehrerlösbeteiligungen, die der Leasingnehmer am Ende eines Teilamortisationsvertrages vom Leasinggeber erhält, führen bei ihm zu Betriebseinnahmen, Abschlusszahlungen dagegen zu abzugsfähigen Betriebsausgaben.

Die Ausübung einer Kaufoption bei einem Vollamortisationsvertrag bzw. die Ausübung des Andienungsrechtes durch den Leasinggeber bei einem Teilamortisationsvertrag führt beim Leasingnehmer zu Anschaffungskosten.

Wird dagegen das Leasingobjekt dem Leasingnehmer zugerechnet, so hat dieser das Objekt zu aktivieren und über die betriebsgewöhnliche Nutzungsdauer abzuschreiben.[23] Als Anschaffungskosten gelten die Anschaffungskosten des Leasinggebers, die der Berechnung

[22] Vgl. BFH v. 05.05.1994, BStBl. II 643
[23] Häufig wird in diesen Fällen von Leasinggesellschaften vom sog. „Mietkauf" gesprochen. Hierbei ist jedoch zu beachten, dass der steuerliche Begriff des Mietkaufes regelmäßig mit einer anderen Bedeutung belegt wird.

der Leasingraten zugrunde gelegt worden sind zuzüglich evtl. vom Leasingnehmer direkt zu entrichtender Anschaffungs(neben)kosten. In Höhe der Anschaffungskosten, sofern sie bei der Berechnung der Leasingraten berücksichtigt wurden, ist eine Verbindlichkeit gegenüber dem Leasinggeber zu passivieren.

Die Leasingraten sind in einen Zins- und einen Tilgungsanteil aufzuteilen. Nur der Zinsanteil darf als Betriebsausgabe im Jahr der Zahlung erfasst werden, während der Tilgungsanteil erfolgsneutral mit der Verbindlichkeit zu verrechnen ist.[24]

Bei der Aufteilung der Leasingraten in einen Zins- und Kostenanteil sowie in einen Tilgungsanteil ist zu berücksichtigen, dass sich der Zinsanteil aufgrund der laufenden Tilgung jeweils verringert und somit sich der Tilgungsanteil wegen der gleichbleibend hohen Leasingraten kontinuierlich erhöht.

Für die Aufteilung der Leasingraten werden steuerlich die **Barwertvergleichsmethode** sowie die **Zinsstaffelmethode** zugelassen.[25]

Bei der *Barwertvergleichsmethode* wird der in den Leasingraten enthaltene Zins- und Kostenanteil wie folgt ermittelt: Der Tilgungsanteil ergibt sich aus der Differenz der Barwerte der zu passivierenden Verbindlichkeit zu Beginn und zum Ende des Wirtschaftsjahres, wobei zu Beginn des Leasingvertrages der Barwert aller Leasingraten der Höhe der aktivierten Anschaffungskosten des vom Leasingnehmer zu bilanzierenden Leasingobjektes entspricht[26]. Von der Summe der auf das Wirtschaftsjahr entfallenden Leasingraten ist dieser Tilgungsanteil abzuziehen, so dass sich als Restgröße der sofort abzugsfähig Zins- und Kostenanteil ergibt.

---

24 Vgl. BMF v. 19.04.1971, a.a.O.

25 Vgl. BMF v. 13.12.1973, BB 1973, S. 798

26 Selbstverständlich ohne die Anschaffungskosten, die der Leasingnehmer selbst getragen hat.

Der sofort abzugsfähige Zins- und Kostenanteil ist also in zwei Rechenschritten zu ermitteln:

1.)		Barwert aller Leasingraten zu Beginn des Wirtschaftsjahres[27]
	-	Barwert aller Leasingraten zum Ende des Wirtschaftsjahres
	=	enthaltener Tilgungsanteil
2.)		Summe aller Leasingraten im Wirtschaftsjahr
	-	darin enthaltener Tilgungsanteil (gemäß 1.)
	=	in den Leasingraten enthaltener Zins- und Kostenanteil

Beispiel

Der Barwert aller Leasingraten zum 31.12.00 betrug 103.968 €, zum 31.12.01 betrug dieser 85.586 €. Als monatliche Leasingrate sind 2.000 € vereinbart.

1.)	Barwert zum 31.12.00/01.01.01	103.968 €
	- Barwert zum 31.12.01	85.586 €
	= enthaltener Tilgungsanteil	18.382 €
2.)	Summe aller Leasingraten im Wirtschaftsjahr (12 · 2.000)	24.000 €
	- enthaltener Tilgungsanteil	18.382 €
	= in den Leasingraten enthaltener Zins- und Kostenanteil	**5.618 €**

Die Barwerte der Leasingverbindlichkeiten sind anhand von Zinstabellen bzw. finanzmathematisch zu ermitteln.

Der Zinsanteil kann jedoch auch nach der *Zinsstaffelmethode* ermittelt werden. Der Zins- (und Kosten-)anteil ermittelt sich als:

---

[27] Dieser entspricht aufgrund der Bilanzidentität dem Barwert aller Leasingraten zum Schluss des vorangegangenen Wirtschaftsjahres

$$\text{Zinsanteil} = \frac{\text{Summe der Zinsanteile aller Leasingraten}}{\text{Summe der Zeitreihen aller Raten}} \cdot \text{Anzahl der restlichen Raten} + 1$$

Die Summe der Zinsanteile aller Leasingraten ermittelt sich als Differenz der Summe aller Leasingraten zu den Anschaffungskosten, die der Ermittlung der Leasingraten zugrunde gelegt wurden, also:

	Summe der Leasingraten
-	Anschaffungskosten
=	Summe der Zins- (und Kosten-)anteile aller Leasingraten

Die Summe der Zeitreihen S_n wird als

$$S_n = \frac{n}{2} \cdot (1 + n)$$

bei $n = \textit{Zahl der insgesamt zu leistenden Raten}$

definiert.

Beispiel

In Anlehnung an das vorangegangene Beispiel soll der Leasingvertrag zum 31.12.00 abgeschlossen worden sein. Die zum 31.12.00 zu passivierende Verbindlichkeit entspricht somit den Anschaffungskosten des Objektes (ohne Anschaffungsnebenkosten des Leasingnehmers).

Die Summe der Zins- und Kostenanteile aller Leasingraten beträgt

	Summe aller Leasingraten (60 · 2.000 €)	120.000 €
-	Anschaffungskosten	103.968 €
	Summe der Zinsanteile	16.032 €

Die Summe der Zeitreihen aller Raten beträgt

$$S_n = \frac{60}{2} \cdot (1 + 60) = 1.830$$

Die Zins- und Kostenanteile der ersten 12 im Jahr 01 gezahlten Leasingraten betragen:

01/01: $\frac{16.032}{1.830} \cdot (1 + 59) = 525{,}64$

02/01: $\frac{16.032}{1.830} \cdot (1+58) = 516,88$

03/01: $\frac{16.032}{1.830} \cdot (1+57) = 508,12$

04/01: $\frac{16.032}{1.830} \cdot (1+56) = 499,36$

05/01: $\frac{16.032}{1.830} \cdot (1+55) = 490,60$

06/01: $\frac{16.032}{1.830} \cdot (1+54) = 481,84$

07/01: $\frac{16.032}{1.830} \cdot (1+53) = 473,08$

08/01: $\frac{16.032}{1.830} \cdot (1+52) = 464,31$

09/01: $\frac{16.032}{1.830} \cdot (1+51) = 455,55$

10/01: $\frac{16.032}{1.830} \cdot (1+50) = 446,79$

11/01: $\frac{16.032}{1.830} \cdot (1+49) = 438,03$

12/01: $\frac{16.032}{1.830} \cdot (1+48) = 429,27$

Die Summe aller Zins- und Kostenanteile beträgt für das Jahr 01 **5.729,47 €**.

Bei **Sonderzahlungen** handelt es sich wirtschaftlich um eine zusätzliche Vergütung für die Kapitalüberlassung. Die Verteilung dieser Sonderzahlung auf die Leasinglaufzeit hat entsprechend der Verteilung der Zins- und Kostenanteile der Leasingraten zu erfolgen.

Die Tilgung von Investitionskrediten findet überwiegend nach einem festen Plan als Raten- oder Annuitätentilgung statt. Daher ist der an den Geldgeber zu erbringende Kapitaldienst in einen Tilgungs- und einen Zinsanteil aufzuteilen. Der Tilgungsanteil ist erfolgsneutral mit der in der Bilanz ausgewiesenen Verbindlichkeit aus der Geldaufnahme zu verrechnen. Der Zinsanteil ist bei der Gewinnermittlung nach § 5 EStG im Jahr der wirtschaftlichen Zugehörigkeit als Betriebsausgabe i.S.v. § 4 Abs. 4 EStG zu erfassen.

Beispiel

Kreditbetrag:	120.000 €
Kreditlaufzeit:	5 Jahre
Zinssatz:	6,0% p.a., jährlich nachschüssig

Die monatliche Annuität beträgt bei nachträglicher Zins- und Tilgungsverrechnung 2.319,94 €.

	01/01	**02/01**	**03/01**	**04/01**
Zins	600,00	591,41	582,76	574,08
Tilgung	1.719,94	1.728,53	1.737,18	1.745,86
Restvaluta	118.280,06	116.551,53	114.814,35	113.068,49

	05/01	**06/01**	**07/01**	**08/01**
Zins	565,34	556,57	547,76	538,90
Tilgung	1.754,60	1.763,37	1.772,18	1.781,04
Restvaluta	111.313,89	109.550,52	107.778,34	105.997,30

	09/01	**10/01**	**11/01**	**12/01**	**Summe**
Zins	529,99	521,04	512,04	503,01	**6.622,90**
Tilgung	1.789,95	1.798,90	1.807,90	1.816,93	**21.216,38**
Restvaluta	104.207,35	102.408,45	100.600,55	98.783,62	

Die im Jahr 01 aufwandsmäßig zu verrechnenden Zins- und Kostenanteile betragen **6.622,90 €**.

Häufig wird bei der Kreditaufnahme ein Disagio oder Damnum einbehalten oder in Rechnung gestellt. Das Handelsrecht lässt für das Disagio einen Rechnungsabgrenzungsposten nach § 250 Abs. 3 HGB zu (Aktivierungswahlrecht). Steuerlich muss dieser Unterschiedsbetrag aktiviert werden. Ein Disagio bzw. eine Abschlussgebühr ist aufwandsmäßig durch die Bildung eines aktiven Rechnungsabgrenzungspostens i.S.v. § 5 Abs. 5 EStG bzw. dessen Auflösung auf die Laufzeit des Kredites zu verteilen. Als Verteilungsmethode kommt eine lineare Verteilung auf die Laufzeit des Kredites bzw. auf den Zeitraum einer kürzeren Zinsbindung in Betracht.[28] Eine Verteilung des aktiven Rechnungsabgrenzungspostens nach der Zinsstaffelmethode wird ebenfalls für zulässig erachtet.[29]

Anschaffungs- bzw. Herstellungskosten von Wirtschaftsgütern mit einer Nutzungsdauer von mehr als einem Jahr werden in der Periode der Anschaffung bzw. Herstellung nicht in Höhe ihrer Auszahlungen als Betriebsausgaben erfasst, d.h. sie dürfen nicht sofort als Aufwand behandelt werden. Sie sind, insbesondere wegen der periodengerechten Gewinnermittlung, grundsätzlich entsprechend ihrer technischen und wirtschaftlichen Wertminderung als Aufwand planmäßig auf die voraussichtliche Nutzungsdauer zu verteilen. Die Berücksichtigung des planmäßigen Werteverzehres bezeichnet man als **Abschreibung.** Steuerlich geschieht dies über die Absetzung für Abnutzung (AfA). Als AfA-Methoden kommen in Betracht:

- lineare AfA nach § 7 Abs. 1 S. 1 EStG
  Die lineare AfA ist eine Verteilung der Anschaffungs- oder Herstellungskosten in gleichen Jahresbeträgen auf die betriebsgewöhnliche Nutzungsdauer.
- Leistungs-AfA nach § 7 Abs. 1 S. 5 EStG
  Die Leistungs-AfA ist eine besondere Form der linearen AfA, bei der die jährliche Absetzung für Abnutzung nach Maßgabe der Leistung des Wirtschaftsgutes vorgenommen wird.
- degressive AfA nach § 7 Abs. 2 S. 1 EStG
  Bei der degressiven AfA handelt es sich um die Verteilung der Anschaffungs- oder Herstellungskosten in fallenden Jahresbeträgen auf die betriebsgewöhnliche Nutzungsdauer des Wirtschaftsgutes. Der auf den jeweiligen (Rest-)Buchwert anzuwendende Hundertsatz darf nach § 7 Abs. 2 S. 2 EStG maximal das

[28] Vgl. BFH v. 29.06.1967, BStBl. III 670
[29] Vgl. BFH v. 19.01.1978, BStBl. II 262

zweifache des linearen AfA-Satzes, höchstens jedoch 20%, betragen.

Die folgende Grafik soll den Unterschied zwischen linearer AfA und degressiver AfA verdeutlichen.

Beispiel

Anschaffungskosten:	100.000 €
betriebsgewöhnliche Nutzungsdauer:	10 Jahre

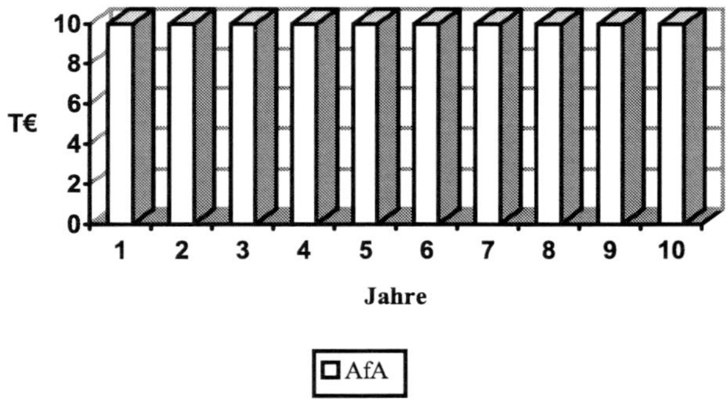

Abbildung 9: „Lineare AfA“

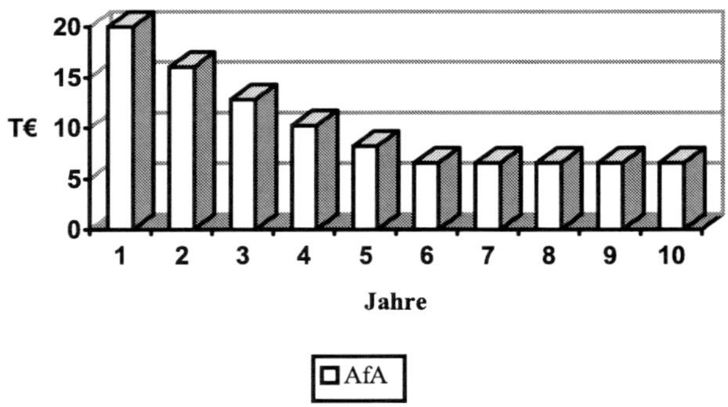

Abbildung 10: „Degressive AfA“ [30]

[30] Anmerkung: Der Wechsel von der degressiven AfA zur linearen AfA ist nach § 7 Abs. 3 EStG zulässig. In diesem Fall ist der noch vorhandene Restbuchwert auf die Restnut-

Zusammenfassung der einkommensteuerlichen Behandlung der Zahlungen an den Leasinggeber bzw. Kreditgeber:

Leasingfinanzierung		Kreditfinanzierung
Leasinggeber ist wirtschaftlicher Eigentümer	Leasingnehmer ist wirtschaftlicher Eigentümer	
Leasingraten sind als Betriebsausgaben abzugsfähig	Leasingraten sind in Zins- und Tilgungsanteil aufzuspalten	Objekt ist zu aktivieren und planmäßig abzuschreiben
progressive Leasingraten sind anzuerkennen	nur Zinsanteil ist Betriebsausgabe	Zinsen sind Betriebsausgaben
degressive Leasingraten sind anzuerkennen Sonderzahlungen und Mietvorauszahlungen sind abzugrenzen und linear aufzulösen	Sonderzahlungen sind abzugrenzen und analog Zinsanteil abzugsfähig Leasingobjekt ist zu aktivieren und abzuschreiben	Disagio/Damnum ist linear über die Laufzeit des Kredites/Zinsfestschreibung zu verteilen

Abbildung 11: „Einkommensteuerliche Behandlung von Leasing und Kreditkauf"

2.3.2 Körperschaftsteuer

Die Körperschaftsteuer bemisst sich analog der Einkommensteuer nach dem zu versteuernden Einkommen. Geregelt ist dies in § 7 Abs. 1 KStG. Das zu versteuernde Einkommen ist nach § 7 Abs. 2 KStG das Einkommen i.S.d. § 8 Abs. 1 KStG, ggf. gemindert um gewisse Freibeträge. Es handelt sich somit bei der Vorschrift über die Einkommensermittlung um eine allgemein gehaltene Definition. Die Vorschriften des Einkommensteuergesetzes sind insoweit anzuwenden, als

- diese nicht ausschließlich auf natürliche Personen zugeschnitten sind, oder
- durch spezielle Vorschriften des Körperschaftsteuergesetzes ersetzt werden.

zungsdauer zu verteilen. Regelmäßig wird dies in dem Wirtschaftsjahr gewählt, für das erstmals die degressive AfA niedriger wäre als die lineare AfA (Restbuchwert verteilt auf die Restnutzungsdauer), hier also ab dem 6. Jahr.

Die Finanzverwaltung hat die ihrer Auffassung nach anwendbaren Vorschriften des Einkommensteuergesetzes in R 27 Abs. 1 KStR niedergelegt.

Bis auf die Einkünfte aus nichtselbständiger Arbeit i.S.v. § 19 EStG sind bei Steuerpflichtigen, die der Körperschaftsteuer unterliegen, alle Einkunftsarten des Einkommensteuergesetzes denkbar. Bezüglich der Sonderregelung für nach dem Handelsgesetzbuch zur Buchführung verpflichtete Körperschaften wird auf § 8 Abs. 2 KStG verwiesen: hier sind alle Einkünfte im Sinne des Einkommensteuergesetzes ohne Rücksicht auf die Betätigung als Einkünfte aus Gewerbebetrieb zu behandeln.

Bei den Gewinneinkünften ist der Gewinn anzusetzen, vgl. §§ 2 Abs. 2 Nr. 1, § 4 Abs. 1, § 4 Abs. 3, § 5 EStG. Bei den buchführungspflichtigen Körperschaften ist immer ein Bestandsvergleich nach § 5 EStG durchzuführen.

Auf die Ausführungen zur Einkommensteuer kann somit verwiesen werden.

2.3.3 Solidaritätszuschlag

Bei dem ab dem Veranlagungszeitraum 1995 wieder eingeführten Solidaritätszuschlag handelt es sich um eine Ergänzungsabgabe zur Einkommen- bzw. Körperschaftsteuer. Nach § 3 Abs. 1 Nr. 1 SolZG bemisst sich der Solidaritätszuschlag nach der gemäß § 3 Abs. 2 SolZG berechneten Einkommensteuer bzw. der festgesetzten Körperschaftsteuer, vermindert um die anzurechnende oder vergütete Körperschaftsteuer. Die in § 3 Abs. 1 Nr. 2 bis 6 SolZG genannten Bemessungsgrundlagen betreffen Vorauszahlungen, Lohnsteuer und Kapitalertragsteuer sowie den Zinsabschlag.

Der Solidaritätszuschlag beträgt nach § 4 SolZG 5,5% der Bemessungsgrundlage. Bei der Ermittlung der Einkommensteuer bzw. Körperschaftsteuer kann der Solidaritätszuschlag gemäß § 12 Nr. 3 EStG bzw. § 10 Nr. 2 KStG nicht abgezogen werden.[31] Er mindert somit weder die Bemessungsgrundlage für die Einkommensteuer bzw. Körperschaftsteuer noch seine eigene Bemessungsgrundlage.

2.3.4 Gewerbesteuer

Bei der bundeseinheitlich geregelten Realsteuer handelt es sich um die wichtigste Einnahmequelle der Gemeinden. Rechtsgrundlage für die Erhebung sind das Gewerbesteuergesetz (GewStG) und die Gewerbesteuerdurchführungsverordnung. Der Gewerbesteuer unterliegt ein inländischer Gewerbebetrieb. I.S.d. Gewerbesteuergesetzes wird darunter ein gewerbliches Unternehmen verstanden, welches seine Tätigkeit selbständig und nachhaltig mit Gewinnerzielungsabsicht ausübt.

Besteuerungsgrundlage für die Gewerbesteuer ist nach § 6 S. 1 GewStG der Gewerbeertrag. Ausgehend von dem nach den Vorschriften des EStG und KStG ermittelten Gewinn ist nach § 7 S. 1 GewStG der Gewerbeertrag durch Hinzurechnungen (§ 8 GewStG) und Kürzungen (§ 9 GewStG) zu ermitteln.

Historisch gesehen sollte die Gewerbesteuer die Belastung der Gemeinden ausgleichen, die durch die Gewerbebetriebe entstehen. Die Gemeinden müssen die für den Gewerbebetrieb notwendige Infrastruktur zur Verfügung stellen, bspw. durch Straßenbau etc. Auch werden die Gemeinde und ihre Bürger durch den Gewerbebetrieb durch Lärm, Luft- und Wasserverschmutzung belastet. Für diese Belastungen sollte die Gewerbesteuer einen Ausgleich schaffen.

Die Belastung der Gemeinden tritt unabhängig von der Art der Finanzierung, Rechtsform, jeweiligen Ertragslage etc. des Gewerbebetriebes ein. Aus diesem Grund soll durch die Hinzurechnungen und Kürzungen der §§ 8 f. GewStG für Unternehmen mit gleicher Produktivität auch eine gleiche Bemessungsgrundlage geschaffen werden. Man spricht in diesem Zusammenhang auch von der Besteuerung nach dem sog. Äquivalenzprinzip.

---

[31] § 12 Nr. 3 EStG bzw. § 10 Nr. 2 KStG hat mehr klarstellenden Charakter, da beim Solidaritätszuschlag keine abzugsfähige Betriebsausgabe vorliegt.

Die Ermittlung der Gewerbesteuer unter Berücksichtigung der hier interessierenden Hinzurechnungs- und Kürzungsvorschriften stellt sich schematisch folgendermaßen dar:

	Gewinn aus Gewerbebetrieb, § 7 GewStG
+	**Hinzurechnungen**, insbesondere 50% der Dauerschuldzinsen, § 8 Nr. 1 GewStG 50% bestimmter Miet- und Pachtaufwendungen, § 8 Nr. 7 GewStG
-	**Kürzungen**, insbesondere 50% bestimmter Miet- und Pachtaufwendungen, § 9 Nr. 4 GewStG
-	Gewerbeverlust aus Vorjahren, § 10a GewStG
=	**Gewerbeertrag**
-	Freibetrag für natürliche Personen und Personengesellschaften, § 11 Abs. 1 Nr. 1 GewStG
=	**verbleibender Gewerbeertrag**
·	Steuermesszahl, § 11 Abs. 2 GewStG
=	**Steuermessbetrag**
·	Hebesatz der Gemeinden, § 16 GewStG
=	**Gewerbesteuer**

Abbildung 12: „Ermittlung der Gewerbesteuer“

Bei der Ermittlung des Gewerbeertrages ist der Gewinn selbständig zu ermitteln.[32] Bei der Gewinnermittlung sind jedoch die Vorschriften des Einkommensteuergesetzes und des Körperschaftsteuergesetzes zu beachten, so dass i.d.R. der für die Einkommen- bzw. für die Körperschaftsteuer maßgebende Gewinn mit dem Gewinn aus Gewerbebetrieb i.S.d. § 7 GewStG identisch sein wird. Es besteht jedoch keine rechtliche Bindung an die Gewinnermittlung, die für die Einkommensteuer bzw. Körperschaftsteuer vorgenommen wurde.[33] Die Zurechnungsnormen des § 39 AO sowie die Interpretationen des

[32] Vgl. R 38 Abs. 1 S. 1 GewStR
[33] Vgl. BFH v. 22.11.1955, BStBl. III 1956, 4; BFH v. 27.04.1961, BStBl. III 281

BMF im Rahmen der Leasingerlasse für die Bilanzierung der Leasingobjekte und die daraus zu ziehenden Konsequenzen gelten jedoch auch für die Gewerbesteuer.[34]

Der Gewerbeertrag ist bei natürlichen Personen und Personengesellschaften um einen Freibetrag zu kürzen.[35] Auch die für diese Steuerpflichtigen vorgesehene gestaffelte Steuermesszahl des § 11 Abs. 2 Nr. 1 GewStG kann in einen entsprechenden fiktiven Freibetrag umgerechnet werden.[36] Auf diesen um den Freibetrag und fiktiven Freibetrag gekürzten verbleibenden Gewerbeertrag kann dann auch bei natürlichen Personen und Personengesellschaften die Steuermesszahl i.H.v. 5% angewandt werden.

Die Behandlung der Leasingraten bei der Ermittlung des Gewerbeertrages ist abhängig von der ertragsteuerlichen Zurechnung des Leasingobjektes. Ist das Leasingobjekt dem Leasinggeber zuzurechnen, so handelt es sich bei dem Leasingvertrag um einen Miet- bzw. Pachtvertrag. Die Hinzurechnungs- und Kürzungsvorschriften, die das Gewerbesteuergesetz für Miet- und Pachtverhältnisse vorsieht, gelten nach Auffassung des BFH[37] auch für Leasingverträge. Nach §§ 7, 8 Nr. 7 GewStG sind 50% der Miet- und Pachtzahlungen für Wirtschaftsgüter des Anlagevermögens, die nicht dem Grundbesitz zugehören, dem Gewinn für die Ermittlung des Gewerbeertrages zuzurechnen, sofern die Miet- und Pachtzinsen beim Vermieter oder Verpächter nicht der Gewerbesteuer unterliegen.

Beispiel

Ein Leasingnehmer zahlt an einen US-amerikanischen Leasinggeber jährlich Leasingraten i.H.v. 12.000 €.

50% von 12.000 € = 6.000 € sind bei der Ermittlung des Gewerbeertrages des deutschen Leasingnehmers dem Gewinn wieder hinzuzurechnen.

---

[34] Vgl. BFH v. 07.03.1957, BStBl. III 392; FinMin NRW v. 12.08.1971, S 3220–23 VC 1

[35] Dieser beträgt nach § 11 Abs. 1 Satz 3 Nr. 1 GewStG 24.500 €.

[36] So beträgt der fiktive Freibetrag bei einem Gewerbeertrag über 72.500 € kumuliert 24.000 €. Es müssen diese 24.000 € zusätzlich zu dem Freibetrag nach §§ 11 Abs. 1 GewStG abgezogen werden.

[37] Vgl. BFH v. 27.11.1975, BStBl. II 1976, 220

Die vom EuGH[38] geübte Kritik an der deutschen Gesetzeslage, die nach seiner Auffassung zu einer Benachteiligung eines Leasinggebers in einem anderen EU-Mitgliedsstaat führt und somit gegen Gemeinschaftsrecht verstößt, wurde vom deutschen Gesetzgeber bislang noch nicht berücksichtigt. Bis zu einer gesetzlichen Neuregelung sind jedoch die Festsetzungen des Gewerbesteuermessbetrages insoweit auszusetzen.[39]

Sofern der Empfänger der Leasingraten als gewerbliches Unternehmen nach § 2 Abs. 1 GewStG der (deutschen) Gewerbesteuer unterliegt, brauchen die Leasingraten nicht ganz oder teilweise bei der Ermittlung des Gewerbeertrages des Leasingnehmers dem Gewinn wieder zugerechnet werden. Insbesondere handelt es sich bei den Leasingraten auch nicht um hälftig zuzurechnende Dauerschuldzinsen nach § 8 Nr. 1 GewStG.

Beispiel
In Anlehnung an das vorangegangene Beispiel:

Der deutsche Leasingnehmer zahlt an einen deutschen Leasinggeber jährlich Leasingraten i.H.v. 12.000 €.

Eine (anteilige) Zurechnung der Leasingraten bei der Ermittlung des Gewerbeertrages des deutschen Leasingnehmers findet nicht statt.

Dabei ist es auch unerheblich, ob der Empfänger der Leasingraten Gewerbesteuer überhaupt zahlt oder bspw. aufgrund von Gewerbesteuerverlusten aus Vorjahren keine Gewerbesteuer anfällt. Der Empfänger muss nur der Gewerbesteuer **unterliegen**.

Bei einem Kreditkauf erfolgt die Finanzierung des Gegenstandes regelmäßig durch die Aufnahme eines mittel- bis langfristigen Darlehens.[40]

---

38 Vgl. EuGH v. 26.10.1999, BStBl. II 851
39 Vgl. FinMin BW v. 26.04.2000, BStBl. I 486
40 Vgl. Gliederungspunkt 1.2.1

Für die Ermittlung der Bemessungsgrundlage der Gewerbesteuer sind 50% der Entgelte für Dauerschulden nach § 8 Nr. 1 GewStG dem Gewinn aus Gewerbebetrieb hinzuzurechnen. Obwohl das Gesetz die Begriffe „Dauerschulden“ und „Dauerschuldzinsen“ nicht verwendet, haben sie sich im allgemeinen Sprachgebrauch herausgebildet. Dauerschuldcharakter haben Verbindlichkeiten dann, wenn sie wirtschaftlich

- mit der Gründung oder dem Erwerb des Betriebes/Teilbetriebes bzw. Anteil am Betrieb zusammenhängen,
- durch Erweiterung oder Verbesserung des Betriebes veranlasst sind oder
- in sonstiger Weise nicht nur der vorübergehenden Verstärkung des Betriebskapitals dienen.

Beträgt die Laufzeit des Kredites bei der Kreditfinanzierung bzw. dem Kreditkauf mehr als 12 Monate, so liegt eine sog. Dauerschuld vor.[41] In diesem Fall sind bei der Ermittlung des maßgeblichen Gewerbeertrages 50% der für diese Darlehensaufnahme bei der Gewinnermittlung abgezogenen Zinsaufwendungen dem Gewinn nach §§ 7, 8 Nr. 1 GewStG wieder zuzurechnen.

Beispiel

Für ein aufgenommenes langfristiges Darlehen zahlt der Kreditnehmer an Zinsen 12.000 € p.a.

Bei der Ermittlung des Gewerbeertrages sind 6.000 € p.a. als sog. Dauerschuldzinsen dem Gewinn wieder hinzuzurechnen.

Die Abschreibungen, mit denen die Anschaffungs-/Herstellungskosten des Objektes auf die Dauer der planmäßigen Nutzung verteilt werden, vermindern dagegen in voller Höhe den Gewinn aus Gewerbebetrieb und somit den Gewerbeertrag.

Auch hier sollen die gewerbesteuerlichen Besonderheiten tabellarisch dargestellt werden:

[41] Vgl. R 45 Abs. 3 S. 9 GewStR

Leasingfinanzierung		Kreditfinanzierung
Leasinggeber ist wirtschaftlicher Eigentümer	Leasingnehmer ist wirtschaftlicher Eigentümer	
Leasingraten sind als Betriebsausgaben abzugsfähig	Leasingraten sind in Zins- und Tilgungsanteil aufzuspalten	Objekt ist zu aktivieren und planmäßig abzuschreiben
	nur Zinsanteil ist Betriebsausgabe	Zinsen sind Betriebsausgaben
	Zinsaufwendungen sind als Dauerschuldzinsen bei der Ermittlung des Gewerbeertrages wieder zu 50% zuzurechnen	Zinsaufwendungen sind als Dauerschuldzinsen bei der Ermittlung des Gewerbeertrages wieder zu 50% zurechnen
	Leasingobjekt ist zu aktivieren und abzuschreiben	

Abbildung 13: „Gewerbesteuerliche Behandlung von Leasing und Kreditkauf"

2.3.5 Umsatzsteuer

Rechtsgrundlage für die Erhebung der Umsatzsteuer ist das Umsatzsteuergesetz (UStG) und die Umsatzsteuer-Durchführungsverordnung. Nach § 1 Abs. 1 UStG unterliegen der Umsatzsteuer:

- Lieferungen und sonstige Leistungen, die ein Unternehmer im Inland gegen Entgelt im Rahmen seines Unternehmens ausführt,
- die Einfuhr von Gegenständen sowie
- der innergemeinschaftliche Erwerb.

Wird von einem Unternehmer ein Dritter befähigt, in eigenem Namen über einen Gegenstand zu verfügen, so handelt es sich nach § 3 Abs. 1 UStG um eine **Lieferung**. Das Umsatzsteuergesetz definiert dies als „Verschaffung der Verfügungsmacht". Bei der Definition der **sonstigen Leistung** wird ein Umkehrschluss gezogen: Sonstige Leistungen sind Leistungen, die keine Lieferungen sind, vgl. § 3 Abs. 9 UStG.

Bei dem Kauf von Gegenständen handelt es sich um eine Lieferung gemäß § 3 Abs. 1 UStG. Das Vermieten von Gegenständen – und somit grundsätzlich auch Leasing – ist wie auch die Kreditgewährung eine sonstige Leistung i.S.v. § 3 Abs. 9 UStG.

Nach Auffassung des BFH[42] ist für die umsatzsteuerrechtliche Beurteilung die ertragsteuerrechtliche Behandlung eines Leasingvertrages maßgebend. Dieser Auffassung hat sich die Finanzverwaltung angeschlossen.[43] Ist somit das Leasingobjekt dem Leasinggeber zuzurechnen, liegt durch den Leasingvertrag eine Nutzungsüberlassung vor, die umsatzsteuerrechtlich als sonstige Leistung i.S.v. § 1 Abs. 1 Nr. 1, § 3 Abs. 9 UStG zu behandeln ist. Sofern die sonstige Leistung im Inland ausgeführt wird, ist sie steuerbar nach §§ 3a Abs. 4 Nr. 11 i.V.m. Abs. 3 , § 1 Abs. 1 Nr. 1 bzw. §§ 3a Abs. 1, 1 Abs. 1 Nr. 1 UStG. Grundsätzlich ist diese sonstige Leistung auch steuerpflichtig. Insbesondere die Steuerbefreiung für die Gewährung oder Vermittlung von Krediten nach § 4 Nr. 8 a) UStG ist hier nicht anwendbar.

Umsatzsteuerrechtlich liegt hier ein Dauerschuldverhältnis mit zeitlich abzugrenzender Teilleistung vor, d.h. die Umsatzsteuer entsteht nach § 13 Abs. 1 Nr. 1a) UStG jeweils mit Ablauf des Voranmeldezeitraumes, für den die Leasingraten zu entrichten sind.[44]

Bemessungsgrundlage für die Umsatzsteuer ist das Entgelt. Nach § 10 Abs. 1 UStG ist Entgelt alles das, was der Leistungsempfänger aufwendet, um die Leistung zu erhalten, jedoch abzüglich der Umsatzsteuer.

Beispiel
Der Leasingnehmer muss monatlich eine Leasingrate von 116.000 € einschließlich Umsatzsteuer zahlen. Das Entgelt beträgt in diesem Fall 100.000 €.

Der Steuersatz für diese Leistungen beträgt gemäß § 12 Abs. 1 UStG 16%, der ermäßigte Steuersatz 7%, § 12 Abs. 2 UStG.

[42] Vgl. BFH v. 01.10.1970, BStBl. 1971, 34
[43] Vgl. R 25 Abs. 4 UStR, BMF v. 23.05.1972, BStBl. I 398, OFD Hamburg v. 13.09.1991, DStR 1991, S. 159
[44] Vgl. auch R 177 Abs. 4 UStR

Wird jedoch das Leasingobjekt nach den ertragsteuerrechtlichen Vorschriften dem Leasingnehmer zugerechnet, liegt umsatzsteuerrechtlich eine Lieferung zwischen Leasinggeber und Leasingnehmer vor. Wirtschaftliche gesehen handelt es sich hierbei um einen versteckten bzw. verdeckten Ratenkauf, umsatzsteuerrechtlich ist die Kreditgewährung jedoch eine unselbständige Nebenleistung, so dass die in § 4 Abs. 8 a) UStG vorgesehene Steuerbefreiung für Kreditgewährungen nicht greift.[45]

Zu beachten ist, dass die Umsatzsteuer in diesem Fall bereits im Zeitpunkt der Lieferung zu berechnen und gemäß § 18 Abs. 1 UStG am 10. Tag nach Ablauf des Voranmeldezeitraumes fällig und vom Leasinggeber (als Lieferer) an das Finanzamt abzuführen ist.

Daher berechnen Leasinggeber regelmäßig die gesamte Umsatzsteuer zu Beginn des Leasingvertrages, wenn das Leasingobjekt ertragsteuerlich dem Leasingnehmer zuzurechnen ist.

Ein Kernstück des Umsatzsteuerrechtes ist der Vorsteuerabzug. Der Leasingnehmer kann die ihm in Rechnung gestellte Umsatzsteuer nach § 15 Abs. 1 Nr. 1 UStG als Vorsteuer abziehen. Dies bedeutet, dass der Unternehmer von der von ihm geschuldeten Umsatzsteuer, die er an das Finanzamt abzuführen hat, die ihm gesondert in Rechnung gestellte Umsatzsteuer als Vorsteuer abziehen kann.

Die Gewährung und die Vermittlung von Krediten durch einen Kreditgeber im Rahmen einer Darlehensgewährung ist nach § 4 Nr. 8 a) UStG von der Umsatzsteuer befreit.

Ferner ist, sofern der Verkäufer im Rahmen eines Abzahlungsgeschäftes bzw. Kreditkaufes einen Kredit gewährt, eine Trennung in zwei umsatzsteuerrechtlich selbständige Leistungen möglich. Nach Auffassung der Finanzverwaltung[46] sind hierzu erforderlich:

---

[45] Die im Rahmen des Abzahlungsgeschäftes weiter unten geschilderte Trennung in eine Lieferung und eine Kreditgewährung ist regelmäßig im Leasing nicht üblich, m. E. jedoch möglich.

[46] Vgl. R 29a Abs. 2 UStR

1. Gesonderte Vereinbarung der Lieferung und der Kreditgewährung. Eine nachträgliche Aufteilung des Entgeltes in ein Entgelt für eine Lieferung und für eine Kreditgewährung reicht nicht aus.
2. Angabe des Jahreszinses in der Vereinbarung über die Kreditgewährung.
3. Getrennte Abrechnung für beide Leistungen (Lieferung und Kreditgewährung).

Ist die Kreditgewährung als selbständige Leistung anzusehen, ist sie steuerbefreit nach § 4 Nr. 8 a) UStG. Somit werden auf die Zinsentgelte etc. i.d.R. keine Umsatzsteuer vom Geldgeber berechnet. Jedoch kann der leistende Unternehmer (Geldgeber) nach § 9 Abs. 1 UStG auf die Steuerbefreiung verzichten, wenn der Umsatz an einen anderen Unternehmer für dessen Unternehmen ausgeführt wird. Dazu wird der Leistungsempfänger aber nur bereit sein, wenn er diese Umsatzsteuer als Vorsteuer absetzen kann, er also Vorsteuerabzugsberechtigter ist. Die Tilgungsanteile sind nicht steuerbar.

Hat der Erwerb des durch Darlehensaufnahme zu finanzierenden Investitionsobjektes der Umsatzsteuer nach §§ 3 Abs. 1, 1 Abs. 1 Nr. 1 UStG unterlegen, so kann diese Umsatzsteuer als Vorsteuer vom Leistungsempfänger abgezogen werden, sofern nicht ein Abzugsverbot nach § 15 Abs. 2 UStG greift.

Für nach dem 31.03.1999 angeschaffte Fahrzeuge, welche von Unternehmen, insbesondere von einem Einzelunternehmer oder Gesellschafter einer Personenhandelsgesellschaft, sowohl für unternehmerische als auch für nichtunternehmerische (private) Zwecke genutzt werden, ist die Einschränkung des Vorsteuerabzuges nach § 15 Abs. 1b UStG zu beachten. Danach kann das Unternehmen nur noch 50% der Vorsteuerbeträge abziehen, die auf die Anschaffungskosten und die Unterhaltskosten dieser Fahrzeuge entfallen.

Dies gilt auch für nach dem 31.03.1999 angemietete oder geleaste Fahrzeuge. Die auf die Mieten, Mietsonderzahlungen, Leasingraten und Unterhaltskosten entfallenden Vorsteuern sind nur zu 50% abziehbar, wenn der Unternehmer das Fahrzeug sowohl unternehmerisch als auch für nichtunternehmerische Zwecke verwendet.[47]

Die umsatzsteuerrechtliche Behandlung von Leasing und Kreditkauf kann wie folgt zusammengefasst werden:

Leasingfinanzierung		**Kreditfinanzierung**
Leasinggeber ist wirtschaftlicher Eigentümer	Leasingnehmer ist wirtschaftlicher Eigentümer	
Sonstige Leistung. Umsatzsteuer entsteht in Teilbeträgen bei Fälligkeit der Leasingraten. Umsatzsteuer kann als Vorsteuer abgezogen werden. Sonderregelungen für privat genutzte Fahrzeuge sind zu beachten.	**Lieferung**. Grundsätzlich steuerpflichtig im Zeitpunkt der Übergabe. Umsatzsteuer kann als Vorsteuer abgezogen werden. Sonderregelungen für privat genutzte Fahrzeuge sind zu beachten.	Erwerb ist **Lieferung**. Grundsätzlich steuerpflichtig im Zeitpunkt der Übergabe. Kreditgewährung ist sonstige Leistung, grundsätzlich steuerfrei. In Rechnung gestellte Umsatzsteuer kann als Vorsteuer abgezogen werden. Sonderregelungen für privat genutzte Fahrzeuge sind zu beachten.

Abbildung 14: „Umsatzsteuerliche Behandlung von Leasing und Kreditkauf"

Bei vorsteuerabzugsberechtigten Leasingnehmern besteht daher keine unterschiedliche umsatzsteuerliche Belastung im Vergleich zur steuerfreien Kreditgewährung bzw. dem zum Vorsteuerabzug berechtigten Kreditkauf.

Es bleibt zu prüfen, ob bei nicht vorsteuerabzugsberechtigten Leasingnehmern bzw. Kreditnehmern eine unterschiedliche umsatzsteuerliche Belastung durch die steuerpflichtigen Leasingraten bzw. die steuerfreien Zins- und nicht steuerbaren Tilgungsleistungen eintritt.

[47] Vgl. BMF v. 29.05.2000, BStBl I 819

Ist der Kreditnehmer nicht zum Vorsteuerabzug berechtigt, so muss er im Rahmen der Kreditaufnahme die Anschaffungs- bzw. Herstellungskosten einschließlich des nicht abzugsfähigen Umsatzsteueranteils finanzieren, also 116% der Netto-Anschaffungskosten.

Der Leasinggeber, der regelmäßig vorsteuerabzugsberechtigt ist, muss durch den Leasingvertrag nur die Netto-Anschaffungs- bzw. Netto-Herstellungskosten amortisieren. Die Leasingfinanzierung ist finanzmathematisch nichts anderes als ein annuitätisch getilgtes Darlehen.[48] Dies bedeutet, dass für die Berechnung der Leasingraten nur die Nettobeträge der Anschaffungs-/Herstellungskosten zu Grunde gelegt werden müssen. Dafür unterliegen bei der Leasingfinanzierung auch die Zinsanteile, die in den Leasingraten enthalten sind, der Umsatzsteuer.

Bei der Kreditfinanzierung müssen jedoch die Zinsen auch auf den nicht erstattungsfähigen Umsatzsteueranteil bezahlt werden. Somit gleichen sich Vor- und Nachteile in jeder Periode aus.

Beispiel

Prämissen:

Netto-Anschaffungskosten:	100.000 €
Laufzeit:	5 Jahre
Zinssatz:	6% p.a.
Tilgung:	in fünf nachschüssigen Jahresraten

Kreditkauf:

Kreditaufnahme:	116.000 €
jährliche Annuität	27.538 € p.a.

Es ergibt sich folgender Tilgungsplan:

Jahr	Annuität	Zins	Tilgung	Restsaldo
01	27.538 €	6.960 €	20.578 €	95.422 €
02	27.538 €	5.725 €	21.813 €	73.609 €
03	27.538 €	4.417 €	23.121 €	50.488 €
04	27.538 €	3.029 €	24.509 €	25.979 €
05	27.538 €	1.559 €	25.979 €	0 €

[48] Vgl. Kapitel 1.1.1

Leasingfinanzierung:	
jährliche Leasingrate[49]:	23.740 €
zuzüglich 16% Umsatzsteuer	3.798 €
Brutto-Leasingrate	27.538 € p.a.

Unterschiede ergeben sich nur dann, wenn bei der Kreditfinanzierung bzw. Leasingfinanzierung unterschiedliche Zinssätze berechnet werden, bspw. durch den Gewinnmargen-Aufschlag des Leasinggebers.

Ebenfalls führt die nicht abzugsfähige Vorsteuer im Falle der Zurechnung des Leasingobjektes zum Leasingnehmer zu einer Mehrbelastung, sofern dieser die Umsatzsteuer nicht zu Beginn des Leasingvertrages an den Leasinggeber zahlt, sondern sich diese auf die Vertragslaufzeit kreditieren lässt. In diesen Fällen tritt der Leasinggeber mit der Abführung der Umsatzsteuer an das Finanzamt in Vorleistung und erhält diese erst durch erhöhte Leasingraten über die Vertragsdauer vom Leasingnehmer bezahlt. Da auf diese Vorleistung auch Zinsen gerechnet werden und diese im Rahmen des Leasing umsatzsteuerpflichtig sind, erhöht sich im Ergebnis die Belastung des Leasingnehmers.

2.3.6 Investitionszulage

Anspruchsberechtigter einer Investitionszulage ist der wirtschaftliche Eigentümer.[50] Da bei einem erlasskonformen Leasingvertrag der Leasinggeber sowohl bürgerlich-rechtlicher als auch wirtschaftlicher Eigentümer des Leasingobjektes ist, ist nur dieser anspruchsberechtigt. Beim Kreditkauf ist der Käufer berechtigt, die Investitionszulage zu beantragen.

Nach § 2 Abs. 1 bzw. Abs. 2 InvZulG 1999 sind die Anschaffung oder Herstellung von bestimmten neuen abnutzbaren beweglichen Wirtschaftsgütern begünstigt, die zum Anlagevermögen eines Be-

[49] Anmerkung: Die Leasingrate errechnet sich als Annuität bezogen auf die Netto-Anschaffungskosten von 100.000 €.

[50] Vgl. BMF v. 28.06.2001, der die Auffassung vertritt, dass der Anspruchsberechtigte bürgerlich-rechtlicher oder zumindest wirtschaftlicher Eigentümer sein muss.

triebes oder einer Betriebsstätte im Fördergebiet gehören und dort mindestens fünf Jahre verbleiben. Ausgenommen sind die Anschaffung oder Herstellung von geringwertigen Wirtschaftsgütern, Luftfahrzeugen und Personenkraftwagen.

Nach § 9 InvZulG 1999 gehört die Investitionszulage nicht zu den Einkünften im Sinne des Einkommensteuergesetzes, d.h. es handelt sich nicht um Betriebseinnahmen. Auch mindert die Investitionszulage nicht die steuerlichen Anschaffungs- bzw. Herstellungskosten des Leasingobjektes bzw. des Investitionsobjektes. Regelmäßig werden Investitionszulagen als Ertrag verbucht, aber bei der Gewinnermittlung außerhalb der Bilanz zur Ermittlung der Besteuerungsgrundlage wieder abgerechnet. Bei der Kreditfinanzierung vermindert die Investitionszulage den Finanzierungsbedarf und somit auch den Kapitaldienst. Steuerlich wirkt sich dies in einer verminderten Zinsbelastung und somit verminderten Betriebsausgaben aus.

Ist bei der Leasingfinanzierung der Leasinggeber als wirtschaftlicher Eigentümer Anspruchsberechtigter der Investitionszulage, hat dieser mehrere Möglichkeiten, diese an den Leasingnehmer weiterzuleiten:

- **Sofortige Weiterleitung an den Leasingnehmer**
  In diesen Fällen handelt es sich um eine Form der Mietrückgewähr, die beim Leasingnehmer zu einem steuerpflichtigen Ertrag bzw. zu einer Kürzung der steuerlich abzugsfähigen Betriebsausgaben führt. Die Steuerfreiheit des § 9 InvZulG 1999 greift in diesem Fall beim Leasingnehmer nicht.
- **Einbehaltung der Investitionszulage und spätere Weiterleitung**
  Der Leasinggeber behält die Investitionszulage ein und zahlt diese meist verzinst gegen Ende des Leasingvertrages an den Leasingnehmer. Für den Leasingnehmer geht die ursprüngliche Steuerfreiheit der Investitionszulage verloren, da die Weiterleitung bei ihm zu steuerpflichtigen Betriebseinnahmen führt.
- **Verwendung zur Refinanzierung**
  Der Leasinggeber kann den Zahlungsmittelzufluss auch zur Finanzierung des Leasingobjektes verwenden. Für den Leasingnehmer bedeutet dies eine Verringerung der Leasingraten aufgrund des verminderten Fremdkapitalbedarfs. Durch die Ab-

senkung der Leasingraten verringert sich bei ihm aber auch die Höhe der steuerlich abzugsfähigen Betriebsausgaben, so dass sich de facto eine Steuerbelastung auf die Investitionszulage nicht vermeiden lässt.

3 Leasing und Kreditkauf im Privatvermögen

3.1 Leasing und Kreditkauf bei Einkünften aus nichtselbständiger Arbeit

Der wohl häufigste Fall, bei dem ein Arbeitnehmer vor der Finanzierungsfrage zwischen Leasing und Kreditkauf steht, dürfte der Fall der Finanzierung eines Kraftfahrzeuges sein, welches auch für Fahrten zwischen Wohnung und Arbeitsstätte bzw. für Dienstreisen genutzt wird.

Es ist daher zu prüfen, ob und wenn ja inwieweit die Kosten der Finanzierung die Werbungskosten bei der Ermittlung der Einkünfte aus nichtselbständiger Arbeit beeinflussen.

Die Einkünfte aus nichtselbständiger Arbeit ermitteln sich nach § 2 Abs. 2 Nr. 2 EStG durch Saldierung der Einnahmen mit den Werbungskosten. Der Überschuss der Einnahmen über die Werbungskosten unterliegt der Einkommensteuer.

Werbungskosten sind nach § 9 Abs. 1 EStG alle Aufwendungen, die der Steuerpflichtige zur Erwerbung, Sicherung und Erhaltung der Einnahmen tätigt. Explizit sind die Aufwendungen des Arbeitnehmers für Fahrten zwischen Wohnung und Arbeitsstätte in § 9 Abs. 1 Nr. 4 EStG genannt. Nach § 9 Abs. 1 Nr. 4 Satz 2 EStG werden die Aufwendungen jedoch mit Pauschbeträgen abgegolten. Gegen die Pauschalierung dieser Aufwendungen bestehen verfassungsmäßig keine Bedenken.[51]

So werden beispielsweise bei der Benutzung eines Kraftwagens für die ersten zehn Entfernungskilometer zwischen Wohnung und Arbeitsstätte 0,36 € und für jeden weiteren Kilometer 0,40 € als Werbungskosten in Form einer **Entfernungspauschale** angesetzt, vgl. § 9 Abs. 1 Nr. 4 EStG.

[51] Vgl. BVerfG v. 02.10.1969, BVerfGE 27, 58-70; BVerfG v. 09.09.1986, StW 1986, 575f.

Auf die tatsächliche Höhe der Fahrtkosten kommt es nicht an. Daher ist es auch für die Ermittlung der Werbungskosten unerheblich, ob der Personenkraftwagen geleast, kreditfinanziert oder durch vorhandene Eigenmittel finanziert worden ist.

Für die Kreditfinanzierung hat der BFH entschieden, dass die Kosten für ein Darlehen, welches zur Anschaffung eines Kraftfahrzeuges aufgenommen worden ist, durch die Pauschbeträge des § 9 Abs. 1 Nr. 4 EStG abgegolten sind.[52]

Dieser Auffassung hat sich die Finanzverwaltung angeschlossen.[53]

Bei der Ermittlung der Werbungskosten, die einem Steuerpflichtigen im Rahmen von Dienstreisen entstehen, kann er die tatsächlichen Aufwendungen steuermindernd bei der Ermittlung der Einkünfte aus nichtselbständigen Arbeit geltend machen.[54]

Jedoch erkennt die Finanzverwaltung auch hier pauschale Kilometersätze an.[55]

Danach können bei einem Kraftwagen 0,30 € je Fahrkilometer als Werbungskosten angesetzt werden.

Dem Steuerpflichtigen bleibt es jedoch unbenommen, die tatsächlichen Aufwendungen für die Nutzung des Kraftwagens zu ermitteln und diese anteilig pro gefahrenen Kilometer im Rahmen einer Dienstreise als Werbungskosten geltend zu machen.

Bei der Ermittlung der tatsächlichen Kosten ist bei einer Leasingfinanzierung zu unterscheiden zwischen der Zurechnung des Leasingobjektes zum Leasinggeber bzw. zum Leasingnehmer.

---

[52] Vgl. BFH v. 30.11.1979, BStBl. 1980 II 138
[53] Vgl. H 42 „Finanzierungskosten des Kraftfahrzeugs“ LStR
[54] Vgl. R 38 Abs. 1 LStR
[55] Vgl. BMF v. 11.01.2001, BStBl. I 95

Ist rechtlicher und wirtschaftlicher Eigentümer des Kraftfahrzeuges der Leasinggeber, so gehören die Leasingraten, die der Leasingnehmer leistet, zu den Bestandteilen der jährlichen Kostenermittlung.[56]

Eine eventuelle Leasingsonderzahlung gehört im Kalenderjahr der Zahlung ebenfalls zu den zu berücksichtigenden Gesamtkosten.[57] Damit ergibt sich für das erste Jahr des Leasingvertrages ein hoher Kilometer-Kostensatz, der dann auf die dienstlich gefahrenen Kilometer des ersten Jahres anzuwenden ist.

Wird jedoch das wirtschaftliche Eigentum am Kraftfahrzeug nach § 39 AO und den Leasingerlassen dem Leasingnehmer zugerechnet, so ist der „Kaufpreis" des Fahrzeuges gleichmäßig auf die voraussichtliche Nutzungsdauer zu verteilen. Als „Kaufpreis" gelten die Anschaffungskosten des Leasinggebers, die bei der Berechnung der Leasingraten zugrunde gelegt worden sind.

Bei einem Kreditkauf gehören die Zinsen und die sonstigen Finanzierungskosten wie Bearbeitungsgebühren, Kreditgebühren etc. für das Anschaffungsdarlehen zu den Einzelkosten, die bei der Ermittlung der Werbungskosten zu berücksichtigen sind.[58]

Gleichfalls sind die Absetzungen für Abnutzung in die Ermittlung der Einzelkosten einzubeziehen.[59] Im Jahr der Anschaffung sind die Absetzungen für Abnutzungen ggf. nur zeitanteilig anzusetzen, wobei bei einem Erwerb im ersten Halbjahr die volle, bei einem Erwerb im zweiten Halbjahr des Jahres die halbe Jahresabschreibung angesetzt werden kann.[60]

Ebenfalls durch Leasing oder Kreditkauf können andere Arbeitsmittel des Steuerpflichtigen finanziert werden. Als Beispiele seien hier Personalcomputer genannt.

---

[56] Vgl. FG Saarland v. 14.10.1993 (rkr.), EFG 1994, 241
[57] Vgl. BFH v. 05.05.1994, BStBl. II 643
[58] Vgl. BFH v. 01.10.1982, BStBl. 1983 II 17; BFH v. 21.10.1988, BStBl. 1989 II 356
[59] Vgl. H 38 „Einzelnachweis" LStR
[60] Vgl. R 44 LStR

Werden diese Arbeitsmittel geleast, sind im allgemeinen die Leasingraten als Werbungskosten abziehbar.[61]

Eine eventuelle Mietsonderzahlung zu Beginn des Leasingvertrages ist in voller Höhe abzugsfähig.[62]

Wurde für den Kauf der Arbeitsmittel ein Kredit aufgenommen, werden die Anschaffungskosten für die Ermittlung der Werbungskosten im Wege der Absetzung für Abnutzung (AfA) berücksichtigt. Zusätzlich dürfen die gezahlten Schuldzinsen im Jahr ihrer Zahlung abgezogen werden.[63]

Hier ist insbesondere die Vereinfachungsregel für geringwertige Wirtschaftsgüter zu beachten. Nach R 44 LStR lässt es die Finanzverwaltung zu, die Anschaffungskosten von Arbeitsmitteln, die ausschließlich der Umsatzsteuer maximal 410 € betragen haben, im Jahr der Anschaffung in voller Höhe als Werbungskosten abzuziehen.

3.2 Leasing und Kreditkauf bei Einkünften aus Kapitalvermögen, Vermietung und Verpachtung sowie bei Sonstigen Einkünften

Da das Immobilien-Leasing und die Immobilien-Finanzierung hier nicht betrachtet werden, kommen als Leasingobjekte bzw. Investitionsobjekte, die durch Leasing oder Kreditkauf finanziert werden können, nur Arbeitsmittel in Betracht.

Für die steuerliche Würdigung dieser Arbeitsmittel gilt das oben gesagte, d.h. Leasingraten und Leasingsonderzahlungen sowie Finanzierungszinsen und die Verteilung der Anschaffungskosten über die AfA sind grundsätzlich als Werbungskosten bei der Ermittlung der Einkünfte abzugsfähig.

---

[61] Vgl. FG Saarland v. 14.10.1993 (rkr.), a.a.O.
[62] Vgl. BFH v. 05.05.1994, a.a.O.
[63] Vgl. BFH v. 01.10.1982, a.a.O.; BFH v. 21.10.1988, a.a.O.

Zusammenfassend kann die steuerliche Behandlung von Finanzierungskosten bei den Überschusseinkünften folgendermaßen dargestellt werden:

Leasingfinanzierung		**Kreditfinanzierung**
Leasinggeber ist wirtschaftlicher Eigentümer	Leasingnehmer ist wirtschaftlicher Eigentümer	
Leasingraten einschließlich Leasingsonderzahlungen sind als Werbungskosten absetzbar.	Leasingraten sind in einen Zins- und Tilgungsanteil aufzuteilen. Der Zinsanteil ist als Werbungskosten absetzbar.	Finanzierungskosten sind als Werbungskosten absetzbar.
	Verteilung der fiktiven Anschaffungskosten erfolgt über die AfA.	Verteilung der Anschaffungskosten erfolgt über die AfA.
Ausnahme: Bei den Fahrten zwischen Wohnung und Arbeitsstätte sind die Aufwendungen durch die Pauschbeträge abgegolten.		

Abbildung 15: „Steuerliche Behandlung der Finanzierungskosten bei Überschusseinkünften“

Zweiter Teil: Steuerliche Vergleichsrechnung

4 Berücksichtigung der betrieblichen Steuerzahlungen im Rahmen der Steuerplanung

Mit der Kenntnis der steuerlichen Behandlung der einzelnen Finanzierungsalternativen ist es nicht getan. Bei der Ermittlung der Vorteilhaftigkeit von einer Finanzierungsmaßnahme muss die Vielzahl von Steuerzahlungen unterschiedlichster Steuerarten berücksichtigt werden.

In der Steuerplanungsrechnung haben sich hierfür zwei Ansätze herausgebildet: [64]

- Veranlagungssimulation
- mathematische Verfahren

Bei der **Veranlagungssimulation** werden die Wirkungen der einzelnen Steuerarten für die geplanten Projekte mit Hilfe von simulierten Steuerveranlagungen berechnet. Die Summe der Einzelwirkungen ergibt dann die Gesamtwirkung. Der große Nachteil dieser Methode besteht darin, dass die gegenseitigen Wechselwirkungen infolge der Gestaltungsmaßnahmen nicht unmittelbar sichtbar werden.

Mathematische Verfahren versuchen, diesen Nachteil zu vermeiden. Die einzelne Finanzierung wird durch ihre Zahlungsreihe charakterisiert. Zum einen muss diese Einzahlungen aus der Finanzierung sowie aus gewährten Zulagen und Steuerrückzahlungen enthalten. Zum anderen Einzahlungen aus dem Umsatzprozess der finanzierten Investition. Es sind jedoch nur Zahlungen zu berücksichtigen, die der Investition bzw. Finanzierung zurechenbar sind, d.h. die nicht angefallen wären, wenn die Investition/Finanzierung nicht getätigt worden wäre.

Gleiches gilt für die Auszahlungen. Sie bestehen aus den Anschaffungsauszahlungen und den laufenden Auszahlungen für das Investi-

[64] Daneben wird häufig als dritte Möglichkeit die grobe Schätzung der Steuerzahlungen genannt.

tionsobjekt sowie den Rückzahlungen der Finanzierung, den Zinsen und den durch die Investition/Finanzierung verursachten Steuerzahlungen.

Die Steuerzahlungen sind regelmäßig von dem zu versteuernden Einkommen abhängig. Dies gilt insbesondere für die Einkommen-, Körperschaft- und Gewerbesteuer. Aber auch der Solidaritätszuschlag und die Kirchensteuer sind letztendlich von dieser Größe beeinflusst.

Die Berücksichtigung der ertragsabhängigen Steuern ist mit Problemen behaftet. Zunächst ist zu beachten, dass das zu versteuernde Einkommen nicht mit den Einzahlungsüberschüssen der Periode übereinstimmt. Während die Steuerbemessungsgrundlage durch Aufwendungen und Erträge bzw. als Überschuss der Einnahmen über die Werbungskosten ermittelt wird, liegen den Einzahlungsüberschüssen Einzahlungen und Auszahlungen zugrunde.

Beispielhaft sei der Erwerb des Investitionsobjektes genannt. Während steuerlich lediglich für jede Periode der Nutzung ein Aufwand in Höhe der Abschreibung berücksichtigt werden kann, führt die Begleichung der Kaufpreisverbindlichkeit zu einer Auszahlung vollständig im Jahr der Anschaffung.

Weitere Probleme ergeben sich durch die gewerbesteuerlichen Hinzurechnungen bzw. Kürzungen. Hier weicht die Bemessungsgrundlage der Steuer von der Einkommen- bzw. Körperschaftsteuer ab.

Schließlich geht man bei der Berechnung von proportionalen und konstanten Steuersätzen aus. Dies ist insbesondere für den Fall der Einkommensteuer nicht korrekt. Hilfsweise wird in diesen Fällen der noch näher darzustellende Grenzsteuersatz verwendet.

Das wohl bekannteste mathematische Verfahren für einen Vorteilhaftigkeitsvergleich ist die **Kapitalwertmethode**. Bevor in diese die Steuerwirkungen eingearbeitet werden, soll sie ohne Steuerwirkungen dargestellt und dann im weiteren Verlauf an die Finanzierungsalternative Leasing und Kreditkauf angepasst werden.

5 Vorteilhaftigkeitsvergleiche bei Betriebsvermögen

5.1 Die Kapitalwertmethode – Vorbemerkungen und Prämissen[65]

Bei der Betrachtung von Leasing im Vergleich zum Kreditkauf aus betriebswirtschaftlicher Sicht muss zwischen quantitativen und qualitativen Aspekten unterschieden werden. Bei der Betrachtung der quantitativen Faktoren stehen steuerliche Auswirkungen im Mittelpunkt einer Vergleichsrechnung. Um einen solchen steuerlichen Vorteilsvergleich zwischen Leasing und Kreditkauf durchführen zu können, mussten zunächst als Grundlage die steuerlichen Behandlungen bzw. die steuerlichen Auswirkungen der beiden Finanzierungsalternativen dargestellt werden.

Sind die steuerlichen Rahmenbedingungen bekannt, gilt es Möglichkeiten der betriebswirtschaftlichen Vergleichsrechnung zu erarbeiten, um die quantitativen steuerlichen Aspekte zwischen den Finanzierungsalternativen vergleichbar zu machen. Ferner gilt es zu klären, ob eine allgemeingültige Aussage über die Vorzugswürdigkeit einer dieser Finanzierungsalternativen aus steuerlicher Sicht abgeleitet werden kann.

Um einen steuerlichen Vorteilsvergleich zwischen mehreren Finanzierungsalternativen durchführen zu können, werden Verfahren benötigt, mit deren Hilfe eine diesbezügliche Entscheidung getroffen werden kann. Für die Erarbeitung dieser Verfahren müssen Vorteilskriterien für die Beurteilung festgelegt werden. Diese müssen aus den Zielen des Steuerpflichtigen abgeleitet werden. Bei diesen Zielen handelt es sich regelmäßig um monetäre Ziele. Als allgemeingültig bestimmbar gilt das Ziel der Endvermögensmaximierung. Als Zielgröße wird das Endvermögen am Planungshorizont angesehen. Dieses Ziel soll im weiteren als Entscheidungskriterium betrachtet werden. Bei unterschiedlichen Finanzierungsalternativen ist demnach

[65] Diese Kapitalwertmethode kann ebenso bei dem Vorteilhaftigkeitsvergleich der Finanzierungsformen im Privatvermögen Anwendung finden, vgl. Kapitel 6.

diejenige Alternative zu wählen, bei der sich das höchste Endvermögen ergibt.

Eine adäquate Methode zur Nennung der Vorteilhaftigkeit einer Finanzierung stellt unter der Zielvorstellung der Endvermögensmaximierung die in der Investitionsrechnung entwickelte **Kapitalwertmethode** dar. Diese Methode gestattet den Vergleich unterschiedlicher Investitionsalternativen dadurch, dass sie die Ein- und Auszahlungen, die durch die einzelnen Investitionsalternativen verursacht werden und die im Zeitablauf nach Höhe, zeitlichem Anfall und Dauer unterschiedlich sind, durch Abzinsung (Diskontierung) auf einen einheitlichen Zeitpunkt vergleichbar macht.

Der Kapitalwert C einer Investition ergibt sich als Differenz zwischen der Summe aller abgezinsten Einzahlungen E und der Summe aller abgezinsten Auszahlungen A, die mit der Investition in Zusammenhang stehen. Die Abzinsung erfolgt mit dem sog. Kalkulationszinsfuß i. Formal lässt sich der Kapitalwert wie folgt darstellen:

(1) $$C = (E_0 - A_0) + (E_1 - A_1) \cdot (1+i)^{-1} + \ldots + (E_n - A_n) \cdot (1+i)^{-n}$$

(2) oder: $$C = \sum_{t=1}^{n} (E_t - A_t) \cdot (1+i)^{-t}$$

Eine Investition ist nach der Kapitalwertmethode als vorteilhaft zu bezeichnen, wenn der Kapitalwert größer Null ist.

Beispiel

Zum Anfang 01 wird eine Sachanlagen-Investition von 180.000 € getätigt. In den folgenden vier Jahren werden Periodenüberschüsse

zum Ende des Jahres 01 in Höhe von:	30.000 €
zum Ende des Jahres 02 in Höhe von:	60.000 €
zum Ende des Jahres 03 in Höhe von:	60.000 €
zum Ende des Jahres 04 in Höhe von:	75.000 € erwartet.

Es wird mit einer Verzinsung von 6% p.a. kalkuliert.

Der Kapitalwert C der Investition errechnet sich dann:

$C =$ $-180.000 + 30.000 \cdot (1{,}06)^{-1} + 60.000 \cdot (1{,}06)^{-2} + 60.000 \cdot (1{,}06)^{-3} + 75.000 \cdot (1{,}06)^{-4}$

$C =$ $-180.000 + 28.302 + 53.400 + 50.377 + 59.407$

$C =$ $+ 11.486$

Die Investition ist also nach der Kapitalwertmethode als vorteilhaft zu bezeichnen, weil der Kapitalwert C größer als Null ist.

Bei einer Finanzierungsentscheidung gilt die Alternative als vorteilhafter, die den höheren Einzahlungsbarwert aufweist.

Beispiel

Der Kapitalwert der Finanzierungsalternative A beträgt 8.725 €, der der Finanzierungsalternative B 12.216 €.

Die Finanzierungsalternative B ist nach der Kapitalwertmethode als vorteilhafter zu bezeichnen, weil ihr Kapitalwert höher ist als der Kapitalwert der Finanzierungsalternative A.

Die im weiteren vorgestellte Kapitalwertmethode beruht auf folgenden Prämissen:

- Die Ein- und Auszahlungen fallen am Ende einer Periode an.
- Die verursachten Ein- und Auszahlungen lassen sich sicher ermitteln, es gibt somit keine Unsicherheit über die Zukunft.
- Einzahlungsüberschüsse können zum Kalkulationszinsfuß angelegt, Auszahlungsüberschüsse zu diesem Zinsfuß aufgenommen werden; es gilt somit Sollzins = Habenzins.

Unberücksichtigt bleiben Auszahlungen für Wartung und Reparaturen etc., da diese unabhängig von der Art der Finanzierung anfallen.[66]

[66] Diese müssen – sofern ein sog. Full-Service-Leasingvertrag vorliegt, d.h. ein Leasingvertrag mit Wartungs-, Instandhaltungs- und Kundendienstleistungen – aus der Leasingrate herausgerechnet werden, um die Leasingrate als Preis für die Finanzierungsalternative „Leasing" zu erhalten. Um einen Wirtschaftlichkeitsvergleich zwischen Lea-

Ebenfalls unberücksichtigt bleiben kann die Auszahlung für die Investition, da in gleicher Höhe eine Einzahlung aus der Kreditaufnahme erfolgt.[67]

Bei den Vergleichen zwischen den Finanzierungsalternativen Leasing und Kreditkauf wird von einer jeweils identischen Vertragslaufzeit des Leasing- bzw. Darlehenvertrages ausgegangen.

Unberührt von einer Finanzierungsentscheidung zwischen Leasing und Kreditkauf bleiben die Einzahlungen, die aus dem Umsatzprozess herrühren. Einzahlungen, die durch die Wahl der Finanzierungsalternative bedingt sind, müssen jedoch berücksichtigt werden. Aus diesem Grund vereinfacht sich das Ziel der Endvermögensmaximierung bzw. Kapitalwertmaximierung zum Ziel einer Minimierung des Auszahlungsbarwertes. Die Entscheidungsregel für die Wahl einer Finanzierungsalternative wandelt sich somit in die Alternativenwahl der Finanzierungsform, die den geringsten **Auszahlungsbarwert** aufweist.

Beispiel

In Anlehnung an das vorangegangene Beispiel sollen die Einzahlungen aus dem Umsatzprozess nicht berücksichtigt werden. Es ergeben sich dann beispielsweise folgende Kapitalwerte:

Finanzierungsalternative A:	- 10.025 €
Finanzierungsalternative B:	- 6.534 €

Den geringeren Auszahlungsbarwert weist die Finanzierungsalternative B auf. Sie ist daher nach der Kapitalwertmethode die vorteilhaftere Finanzierungsform.

Da es sich bei dem vorzunehmenden Vergleich der Alternativen überwiegend um Auszahlungen handelt, werden zum Zwecke der

sing und Kreditkauf durchführen zu können, muss sichergestellt sein, dass beide Alternativen von den gleichen Voraussetzungen ausgehen.

[67] Diese Aus- bzw. Einzahlungen fallen selbstverständlich nur bei einer Kreditfinanzierung an.

besseren Lesbarkeit alle Auszahlungen addiert und alle Einzahlungen subtrahiert.

5.2 Kapitalwertmethode ohne Beachtung der Steuerauswirkungen

In einem ersten Schritt wird versucht, die beiden Finanzierungsalternativen vereinfachend ohne Berücksichtigung der ertragsteuerlichen Konsequenzen hinsichtlich ihrer Vorteilhaftigkeit zu quantifizieren.

Hierdurch kann später die Frage geklärt werden, ob die steuerliche Beeinflussung bei der Beurteilung der sich ausschließenden Finanzierungsalternativen *entscheidungsrelevant* oder *ergebnisrelevant* ist. Der Einfluss der Besteuerung ist dann *entscheidungsrelevant*, wenn durch ihn die Zielgröße so beeinflusst wird, dass sich die Rangfolge der Vorteilhaftigkeit der einzelnen Finanzierungsalternativen ändert; er ist *ergebnisrelevant*, wenn sich zwar die Zielgröße, nicht aber die Rangfolge einer Finanzierungsalternative gegenüber der anderen ändert.

Die Verzinsung soll mit dem Kalkulationszinsfuß vor Steuern i erfolgen, wobei bei einem Zinssatz p in Prozent gilt:

(3) $$i = \frac{p}{100}.$$

Die Berechnung eines Endkapitals unter Berücksichtigung von Zinseszinsen erfolgt nach der Gleichung:

(4) $$K_n = K_0 \cdot (1+i)^n,$$

wobei $(1+i)^n$ als Aufzinsungsfaktor bezeichnet wird, für den geschrieben werden kann:

(5) $$q^n = (1+i)^n.$$

Grafisch dargestellt:

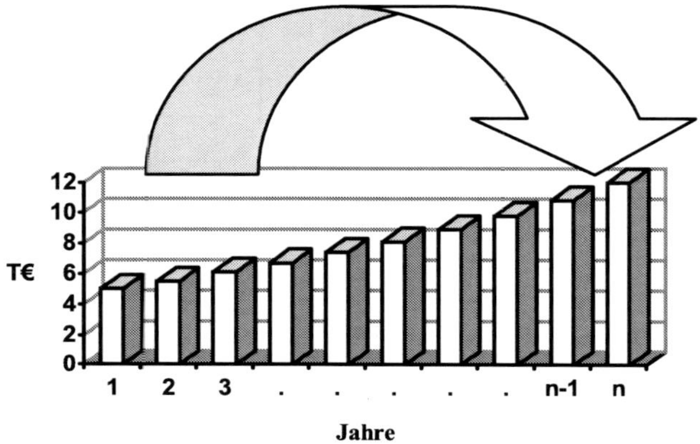

Abbildung 16: „Aufzinsung“

Mit Hilfe der Aufzinsungsformel kann somit der künftige Wert einer heutigen Zahlung ermittelt werden. Soll jedoch der heutige Wert einer künftigen Zahlung berechnet werden, so kann dies durch Abzinsung geschehen.

Die Abzinsung erfolgt unter Rückgriff auf die Formel der Endkapitalberechnung (4) durch Ermittlung des Kapitalwertes

(6) $$K_0 = K_n \cdot (1+i)^{-n},$$

wobei $(1+i)^{-n}$ als Abzinsungsfaktor bezeichnet wird, für den folgerichtig geschrieben werden kann:

(7) $$q^{-n} = (1+i)^{-n}.$$

Dies lässt sich ebenfalls grafisch darstellen:

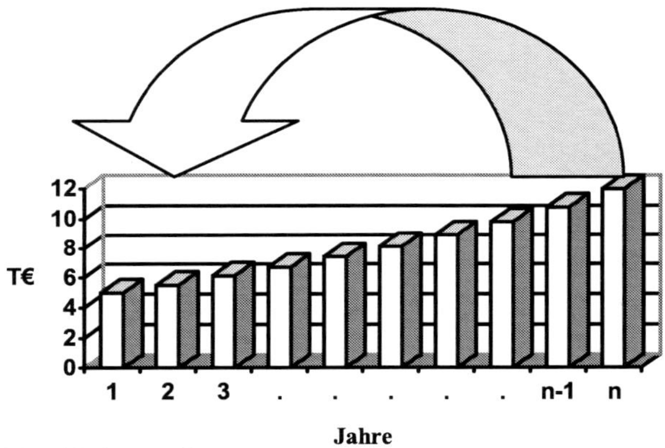

Abbildung 17: „Abzinsung"

Leasing

Bei der Finanzierungsalternative Leasing gilt für alle Leasingverträge, dass während der Grundmietzeit der Leasingnehmer an den Leasinggeber die Leasingrate l_t^G zu entrichten hat. Wurden einmalige Sonderzahlungen oder Mietvorauszahlungen geleistet, so sind diese zum Zeitpunkt der Zahlung zu berücksichtigen.[68]

Abhängig von der gewählten Vertragsart ergeben sich bei der Finanzierung einer Investition durch einen Leasingvertrag die unten näher bezeichneten Auszahlungsbarwerte.

Für einen erlasskonformen **Vollamortisationsvertrag ohne Kauf- bzw. Mietverlängerungsoption** errechnet sich der Barwert $C_{VA_1}^L$ als Summe der Leasingraten l_t^G abgezinst mit q^{-t} als:

---

[68] Die aufwandsmäßige Linearisierung dieser Zahlungen für ertragsteuerliche Zwecke erfolgt im nächsten Gliederungspunkt.

(8) $$C_{VA_1}^{L} = \sum_{t=1}^{n_G} \left\{ l_t^G \cdot q^{-t} \right\}.$$

Beispiel [69]

Die jährliche zum jeweiligen Jahresende zu zahlende Leasingrate beträgt 24.716 € p.a., die Grundmietzeit 5 Jahre, der Abzinsungssatz soll 6% p.a. betragen.

Der Barwert $C_{VA_1}^{L}$ errechnet sich als:

Jahr			Barwert
01	24.716 € · $1{,}06^{-1}$	=	23.317 €
02	24.716 € · $1{,}06^{-2}$	=	21.997 €
03	24.716 € · $1{,}06^{-3}$	=	20.752 €
04	24.716 € · $1{,}06^{-4}$	=	19.577 €
05	24.716 € · $1{,}06^{-5}$	=	18.469 €
			104.112 €

Die Auszahlungen (nicht die Barwerte) grafisch dargestellt ergibt:

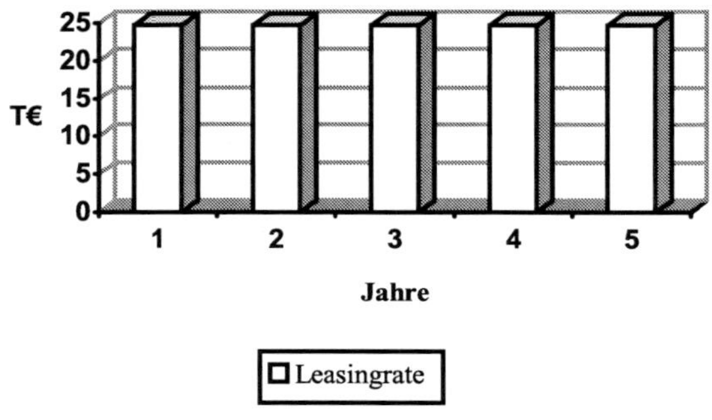

Abbildung 18: „Vollamortisationsvertrag ohne Kauf- bzw. Mietverlängerungsoption"

[69] Die folgenden Beispiele dienen der Verdeutlichung der Kapitalwerte/Barwerte. Eine Aussage über die Vorteilhaftigkeit des einen oder anderen Vertragstyps ist hier nicht gewollt. Die Beispiele enthalten teilweise unterschiedliche Prämissen und können daher nur in abgewandelter Form für einen **Vergleich** der einzelnen Leasingvertrags-Typen verwendet werden.

Bei einem erlasskonformen **Vollamortisationsvertrag mit Kaufoption** muss bei einer Ausübung der Kaufoption durch den Leasingnehmer neben dem Kaufpreis für das Leasingobjekt $R_{n_G}^L$ als Auszahlung am Ende des Leasingvertrages der Veräußerungserlös $V_{n_B}^L$ als Einzahlung am Ende der wirtschaftlichen Nutzungsdauer berücksichtigt werden, den der Leasingnehmer aus der späteren Verwertung des Objektes realisiert.[70] Entstehen Kosten bspw. durch den Transport oder die Entsorgung des Objektes, so sind diese mit einem positiven Vorzeichen (= Auszahlung) zu erfassen. Zusammengefasst ergibt sich bei diesem Vertragsmodell der Barwert $C_{VA_2}^L$ aus:

(9) $$C_{VA_2}^L = \sum_{t=1}^{n_G} \left\{ l_t^G \cdot q^{-t} \right\} + R_{n_G}^L \cdot q^{-n_G} - V_{n_B}^L \cdot q^{-n_B}.$$

Beispiel

Die jährliche Leasingrate beträgt 24.716 € p.a., die Grundmietzeit 5 Jahre. Am Ende des Leasingvertrages kann der Leasingnehmer das Leasingobjekt zu einem Preis von 9.100 € erwerben. Am Ende des sechsten Jahres veräußert er das Objekt zu einem Preis von 5.000 €. Der Abzinsungssatz soll 6% p.a. betragen.

Der Barwert $C_{VA_2}^L$ errechnet sich als:

Jahr			Barwert
01	24.716 € · $1{,}06^{-1}$	=	23.317 €
02	24.716 € · $1{,}06^{-2}$	=	21.997 €
03	24.716 € · $1{,}06^{-3}$	=	20.752 €
04	24.716 € · $1{,}06^{-4}$	=	19.577 €
05	24.716 € · $1{,}06^{-5}$	=	18.469 €
	9.100 € · $1{,}06^{-5}$	=	6.800 €
06	- 5.000 € · $1{,}06^{-6}$	=	- 3.525 €
			107.387 €

[70] Diese Einzahlung muss gemäß Definition in Punkt 5.1 subtrahiert werden. Als wirtschaftliche Nutzungsdauer wird hier der Zeitraum verstanden, in dem das Objekt vom Leasingnehmer genutzt wird.

Grafisch ergeben sich folgende Ein- und Auszahlungen:

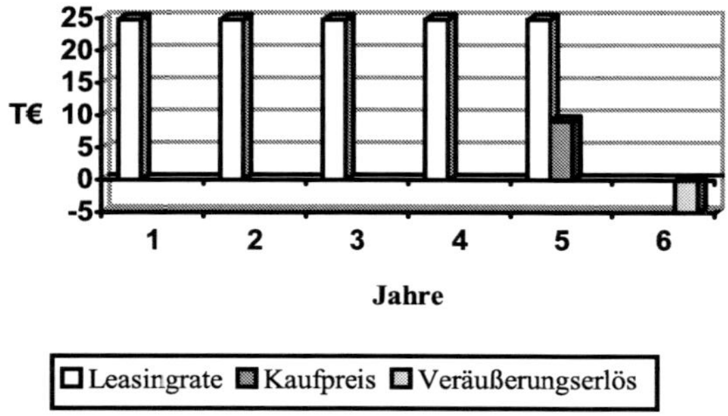

Abbildung 19: „Vollamortisationsvertrag mit Kaufoption“

Die Amortisation der Anschaffungskosten einschließlich Zinsen und Gewinnmarge erreicht der Leasinggeber in diesem Beispiel bereits innerhalb der fünfjährigen Grundmietzeit. Der Verkaufserlös zum Ende des fünften Jahres, den der Leasinggeber durch den Verkauf des Objektes an den Leasingnehmer realisiert, stellt für ihn einen zusätzlichen Ertrag dar.

Hat der Leasingnehmer einen erlasskonformen **Vollamortisationsvertrag mit Mietverlängerungsoption** abgeschlossen, so muss neben der Leasingrate während der Grundmietzeit l_t^G auch die Leasingrate bei ggf. ausgeübter Verlängerungsoption l_t^V berücksichtigt werden:

$$(10) \qquad C_{VA_3}^L = \sum_{t=1}^{n_G} \left\{ l_t^G \cdot q^{-t} \right\} + \sum_{t=n_G+1}^{n_V} \left\{ l_t^V \cdot q^{-t} \right\}.$$

Beispiel

Die jährliche Leasingrate beträgt 24.716 € p.a., die Grundmietzeit 5 Jahre. Nach Ablauf der Grundmietzeit kann der Leasingnehmer den Leasingvertrag für zwei Jahre zu einem Mietzins von 10.100 € p.a. verlängern. Der Abzinsungssatz soll 6% p.a. betragen.

Der Barwert $C_{VA_3}^{L}$ errechnet sich als:

Jahr			Barwert
01	$24.716 € \cdot 1{,}06^{-1}$	=	23.317 €
02	$24.716 € \cdot 1{,}06^{-2}$	=	21.997 €
03	$24.716 € \cdot 1{,}06^{-3}$	=	20.752 €
04	$24.716 € \cdot 1{,}06^{-4}$	=	19.577 €
05	$24.716 € \cdot 1{,}06^{-5}$	=	18.469 €
06	$10.100 € \cdot 1{,}06^{-6}$	=	7.120 €
07	$10.100 € \cdot 1{,}06^{-7}$	=	6.717 €
			117.949 €

Auch hier können die Auszahlungen grafisch dargestellt werden:

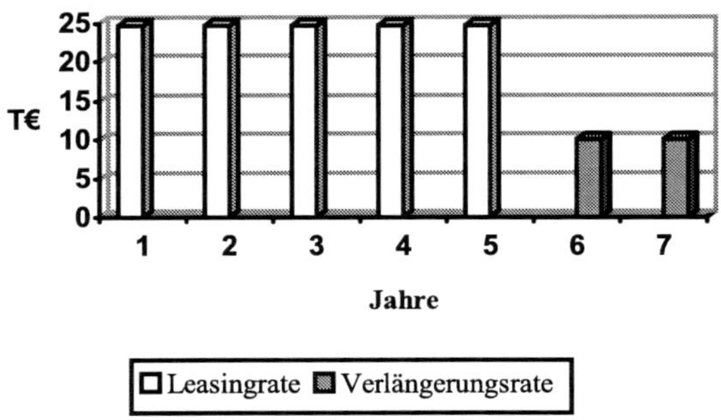

Abbildung 20: „Vollamortisationsvertrag mit Mietverlängerungsoption“

Bei dem oben dargestellten Beispiel eines Vollamortisationsvertrages mit Mietverlängerungsoption ist zu beachten, dass der Leasinggeber seine Anschaffungskosten einschließlich der Zinsaufwendungen und seines Gewinnaufschlages bereits während der Grundmietzeit in den Jahren 01 bis 05 amortisiert hat.

Bei einem **Teilamortisationsvertrag mit Andienungsrecht** des Leasinggebers muss bei der Berechnung des Kapitalwertes $C_{TA_1}^L$ neben der Leasingrate l_t^G während der Grundmietzeit sowohl der Andienungspreis $R_{n_G}^L$ zum Ende der Grundmietzeit als auch der Verwertungserlös $V_{n_B}^L$ aus der Objektverwertung zum Zeitpunkt des Verkaufes, d.h. zum Ende der wirtschaftlichen Nutzungsdauer, eingerechnet werden. Somit bestimmt sich der Kapitalwert $C_{TA_1}^L$ aus:

(11) $$C_{TA_1}^L = \sum_{t=1}^{n_G} \left\{ l_t^G \cdot q^{-t} \right\} + R_{n_G}^L \cdot q^{-n_G} - V_{n_B}^L \cdot q^{-n_B} .$$

Beispiel

Die Leasingrate beträgt 23.760 € p.a., die Grundmietzeit 4 Jahre. Am Ende des Leasingvertrages hat der Leasinggeber das Recht, dem Leasingnehmer das Objekt zum Preis von 27.500 € anzudienen. Nach Andienung veräußert der Leasingnehmer das Objekt am Ende des 5. Jahres zum Preis von 10.000 €. Der Abzinsungssatz soll 6% p.a. betragen.

Der Barwert $C_{TA_1}^L$ errechnet sich als:

Jahr			Barwert
01	$23.760\text{ €} \cdot 1{,}06^{-1}$	=	22.415 €
02	$23.760\text{ €} \cdot 1{,}06^{-2}$	=	21.146 €
03	$23.760\text{ €} \cdot 1{,}06^{-3}$	=	19.949 €
04	$23.760\text{ €} \cdot 1{,}06^{-4}$	=	18.820 €
	$27.500\text{ €} \cdot 1{,}06^{-4}$	=	21.783 €
05	$-10.000\text{ €} \cdot 1{,}06^{-5}$	=	- 7.473 €
			96.640 €

Grafische Darstellung der Ein- und Auszahlungen:

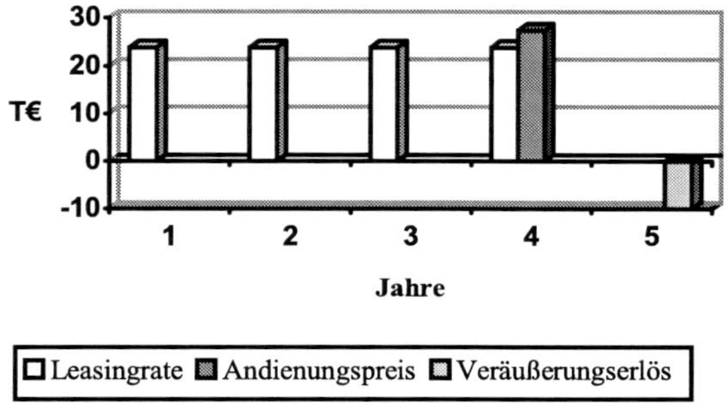

Abbildung 21: „Teilamortisationsvertrag mit Andienungsrecht"

Bei einem **Teilamortisationsvertrag mit Aufteilung des Mehrerlöses** muss die Abschlusszahlung zum Ende der Grundmietzeit bzw. der anteilige Mehrerlös berücksichtigt werden. Dies geschieht durch Addition von $V_{n_G}^L$ bei einer Abschlusszahlung als Auszahlung bzw. Subtraktion bei einer anteiligen Mehrerlösbeteiligung als Einzahlung:[71]

(12) $$C_{TA_2}^L = \sum_{t=1}^{n_G} \left\{ l_t^G \cdot q^{-t} \right\} - V_{n_G}^L \cdot q^{-n_G} .$$

Beispiel 1:
Die Leasingrate beträgt 23.102 € p.a., die Grundmietzeit 5 Jahre. Am Ende des Leasingvertrages wird das Objekt vom Leasinggeber veräußert. Der Leasinggeber benötigt noch eine Restamortisation i.H.v. 9.100 €. Der Veräußerungserlös beträgt 10.500 €. Von der die Restamortisation übersteigenden Betrag i.H.v. (10.500 € - 9.100 €=) 1.400 € erhält der Leasingnehmer 75% = 1.050 €. Der Abzinsungssatz soll 6% p.a. betragen.

[71] Im Folgenden wird jeweils von einer Mehrerlösbeteiligung ausgegangen, so dass $V_{n_G}^L$ subtrahiert werden kann.

Der Barwert $C_{TA_2}^{L}$ errechnet sich als:

Jahr			Barwert
01	23.102 € · $1{,}06^{-1}$	=	21.794 €
02	23.102 € · $1{,}06^{-2}$	=	20.561 €
03	23.102 € · $1{,}06^{-3}$	=	19.397 €
04	23.102 € · $1{,}06^{-4}$	=	18.299 €
05	23.102 € · $1{,}06^{-5}$	=	17.263 €
	- 1.050 € · $1{,}06^{-5}$	=	- 785 €
			96.529 €

Beispiel 2:
In Anlehnung an das vorangegangene Beispiel deckt der Verwertungserlös nicht die Restamortisation des Leasinggebers, der Leasingnehmer muss eine Abschlusszahlung i.H.v. 900 € zahlen. Der Abzinsungssatz soll 6% p.a. betragen.

Der Barwert $C_{TA_2}^{L}$ errechnet sich dann als:

Jahr			Barwert
01	23.102 € · $1{,}06^{-1}$	=	21.794 €
02	23.102 € · $1{,}06^{-2}$	=	20.561 €
03	23.102 € · $1{,}06^{-3}$	=	19.397 €
04	23.102 € · $1{,}06^{-4}$	=	18.299 €
05	23.102 € · $1{,}06^{-5}$	=	17.263 €
	900 € · $1{,}06^{-5}$	=	673 €
			97.987 €

Beispiel 1:

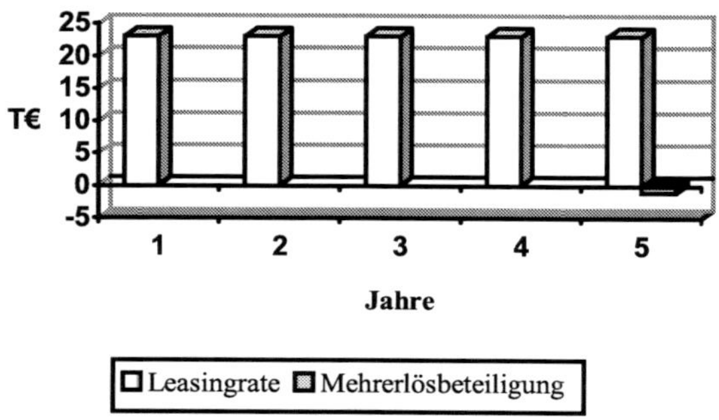

Beispiel 2:

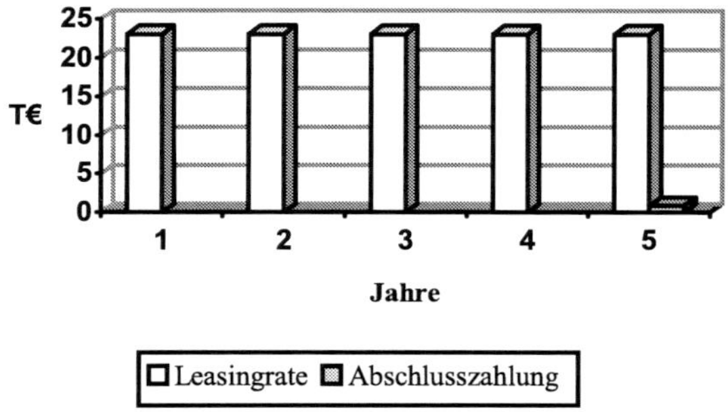

Abbildung 22: „Teilamortisationsvertrag mit Aufteilung des Mehrerlöses“

Wird bei einem **Teilamortisationsvertrag mit Anrechnung des Veräußerungserlöses** auf die vom Leasingnehmer zu leistende Schlusszahlung das Leasingobjekt am Ende der Grundmietzeit vom Leasinggeber veräußert und wird der Betrag der Restamortisation, die der Leasinggeber benötigt, nicht erreicht, so muss der Leasingnehmer eine Schlussrate in Höhe von $Z_{n_G}^L$ leisten. Da der über die Restamortisation erzielte Veräußerungserlös bei erlasskonformen Leasingverträgen beim Leasinggeber verbleibt, kann $Z_{n_G}^L$ niemals negativ werden, d.h. zu einer Einzahlung beim Leasingnehmer führen:

(13) $$C_{TA_3}^L = \sum_{t=1}^{n_G} \left\{ l_t^G \cdot q^{-t} \right\} + Z_{n_G}^L \cdot q^{-n_G} .$$

Beispiel 1

Die Leasingrate beträgt 24.716 € p.a., die Grundmietzeit 5 Jahre. Nach 2 Jahren Vertragslaufzeit kann der Leasingnehmer den Vertrag kündigen. Er hat in diesem Fall eine Schlusszahlung i.H.v. 66.066 € zu leisten. Das Objekt wird vom Leasinggeber nach Kündigung des Leasingvertrages zu einem Preis von 70.000 € veräußert. Auf die vom Leasingnehmer zu leistende Schlusszahlung werden 90% des Veräußerungserlöses (= 63.000 €) angerechnet, so dass der Leasingnehmer noch eine Zahlung i.H.v. (66.066 € - 63.000 €=) 3.066 € zu leisten hat. Der Abzinsungssatz soll 6% p.a. betragen.

Der Barwert $C_{TA_3}^{L}$ errechnet sich als:

Jahr			Barwert
01	$24.716\text{ €} \cdot 1{,}06^{-1}$	=	23.317 €
02	$24.716\text{ €} \cdot 1{,}06^{-2}$	=	21.997 €
	$3.066\text{ €} \cdot 1{,}06^{-2}$	=	2.729 €
			48.043 €

Beispiel 2

Der Leasingeber erzielt einen Veräußerungserlös i.H.v. 75.000 €. Der Leasingnehmer muss keine Schlusszahlung leisten, weil bei einer 90%-Anrechnung des Veräußerungserlöses (90% v. 75.000 € = 67.500 €) die Restamortisation des Leasinggebers abgedeckt ist. Für den Leasingnehmer ergibt sich als Barwert $C_{TA_3}^{L}$:

Jahr			Barwert
01	$24.716\text{ €} \cdot 1{,}06^{-1}$	=	23.317 €
02	$24.716\text{ €} \cdot 1{,}06^{-2}$	=	21.997 €
			45.314 €

Darstellung Beispiel 1:

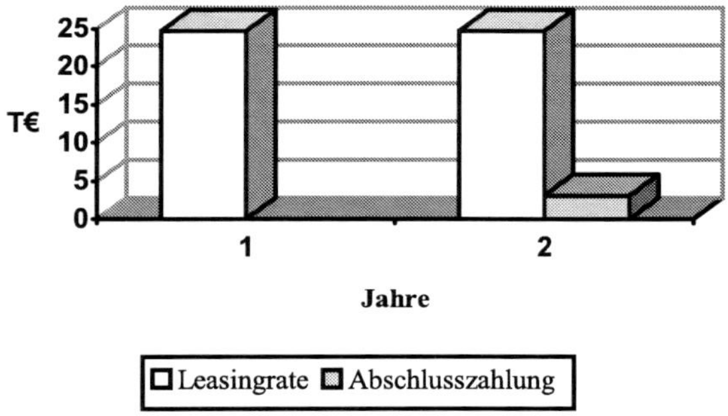

und Beispiel 2:

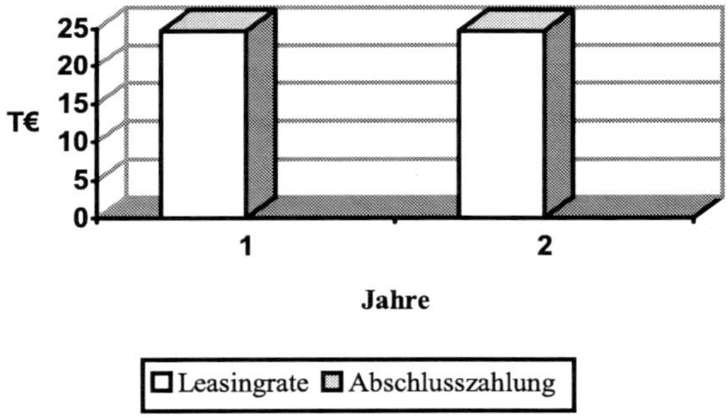

Abbildung 23: „Teilamortisationsvertrag mit Anrechnung des Veräußerungserlöses“

Geht man zusätzlich von Kombinationsmöglichkeiten, bspw. bei einem Vollamortisationsvertrag mit Mietverlängerungsphase und späterer Ausübung einer Kaufoption oder bei einem Teilamortisationsvertrag mit Mietverlängerungsoption aus, so kann der relevante Kapitalwert vor Steuern durch folgende Gleichung, die eine Zusammenführung der Gleichungen (8) bis (13) ist, ermittelt werden:

$$(14) \qquad C_L = \sum_{t=1}^{n_G} \left\{ l_t^G \cdot q^{-t} \right\} + R_{n_G}^L \cdot q^{-n_G} + \sum_{t=n_G+1}^{n_V} \left\{ l_t^V \cdot q^{-t} \right\} + R_{n_V}^L \cdot q^{-n_V}$$
$$+ Z_{n_G}^L \cdot q^{-n_G} + Z_{n_V}^L \cdot q^{-n_V} - V_{n_G}^L \cdot q^{-n_G} - V_{n_V}^L \cdot q^{-n_V} - V_{n_B}^L \cdot q^{-n_B}$$

Hierbei bezeichnen R_{n_G}, R_{n_V} den Kaufoptionspreis bei einem Vollamortisationsvertrag mit Kaufoption sowie den Andienungspreis bei einem Teilamortisationsvertrag mit Andienungsrecht des Leasinggebers.

$V_{n_G}^L, V_{n_V}^L$ symbolisieren zum einen den Veräußerungserlös nach ausgeübter Kaufoption bei einem Vollamortisationsvertrag bzw. nach Ausübung des Andienungsrechtes bei einem Teilamortisationsvertrag, zum anderen die anteilige Mehrerlösbeteiligung bei einem Teilamortisationsvertrag mit Mehrerlösbeteiligung. $V_{n_B}^L$ stellt dagegen immer nur den Veräußerungserlös nach ausgeübter Kaufoption bzw. ausgeübtem Andienungsrecht am Ende der wirtschaftlichen Nutzungsdauer dar.

Handelt es sich hingegen um einen Leasingvertrag, bei dem das wirtschaftliche Eigentum dem **Leasingnehmer** zugerechnet wird, so muss beachtet werden, dass das Leasingobjekt bei ihm zu aktivieren ist und die Leasingraten als Verbindlichkeit zu passivieren sind. Die Abschreibung des Leasingobjektes und die erfolgsneutrale Auflösung der Verbindlichkeit bzw. die erfolgswirksame Zahlung der Zinsanteile führen zwar zu unterschiedlichen Steuerwirkungen beim Leasingnehmer, nicht jedoch bei der Ermittlung des Kapitalwertes C_L in diesem Abschnitt.

Bei der Ermittlung der *Kapitalwerte ohne Beachtung der Steuerauswirkungen* ist es daher unbeachtlich, wem das wirtschaftliche Eigentum am Leasingobjekt zuzurechnen und wie es in der Bilanz des Leasingnehmers zu behandeln ist.

Der Leasingnehmer hat während der Grundmietzeit die Leasingraten l_t^G an den Leasinggeber zu entrichten. Sonderzahlungen bzw. Mietvorauszahlungen sind ebenso zum Zeitpunkt der Zahlung bei der Ermittlung des Kapitalwertes zu berücksichtigen wie evtl. Kauf- oder Mietverlängerungsoptionen.

Somit kann die letztgenannte Gleichung (14) analog für die Ermittlung des Kapitalwertes C_L für einen Leasingvertrag verwendet werden, bei dem das Leasingobjekt gemäß den gesetzlichen Zurechnungsvorschriften dem Leasingnehmer zuzurechnen ist.

Kreditkauf

Aufgenommene Darlehen müssen regelmäßig an den Kreditgeber zurückgezahlt werden. In der Tilgungsrechnung geht es daher um die Rückzahlung von Schulden. Bei Darlehen erfolgt dies meist während einer im voraus vereinbarten Tilgungszeit in einer im voraus vereinbarten Art und Weise. Die Rückzahlung umfasst sowohl einen Tilgungsanteil als auch die anfallenden Zinsen.

Es soll für alle Kreditkäufe gelten, dass die Kredithöhe den Anschaffungskosten entspricht, also:

$$Fremdkapital\,/\,Darlehensaufnahme = Anschaffungskosten$$

bzw. $$Fremdkapital\,/\,Darlehensaufnahme = A_0$$

Unter *Anschaffungskosten* werden hier alle Aufwendungen verstanden, die gemacht werden, um einen Gegenstand zu erwerben und ihn in einen betriebsbereiten Zustand zu versetzen, soweit sie dem Gegenstand einzeln zugerechnet werden können und zu einer Auszahlung geführt haben.[72]

Bei der Finanzierung einer Investition durch Darlehensaufnahme muss zwischen Kreditkäufen mit Einmal- bzw. Ratentilgung und Kreditkäufen mit Annuitätentilgung unterschieden werden.

Die Rückzahlung der Fremdkapitalsumme A_0 wird bei **Darlehen mit Einmaltilgung** am Ende der Kreditlaufzeit geleistet. Zinszah-

[72] Gesetzlich definiert sind die Anschaffungskosten in § 255 Abs. 1 HGB. Die Einschränkung, dass die Aufwendungen zu einer Auszahlung geführt haben müssen, ist richtigerweise vom Gesetzgeber nicht gemacht worden, wird hier aber benötigt, da ansonsten keine Kreditaufnahme für diese Aufwendungen notwendig wäre. Aufwendungen im Zusammenhang mit Anschaffungen, die nicht zu einer Auszahlung führen, sind – im Gegensatz zu den Herstellungskosten – äußerst selten.

lungen fallen regelmäßig zu den vereinbarten Zahlungsterminen (bspw. monatlich, viertel- oder jährlich) an.

Beispiel

Kreditbetrag:	100.000 €
Kreditlaufzeit:	5 Jahre
Zinssatz:	7,5% p.a., jährlich nachschüssig
Rückzahlung:	in einer Summe am Ende der Laufzeit.

Der Kreditnehmer muss am Ende eines jeden Jahres 7.500 € Zinsen an den Kreditgeber zahlen, zusätzlich am Ende des 5. Jahres die Tilgungsleistung i.H.v. 100.000 €.

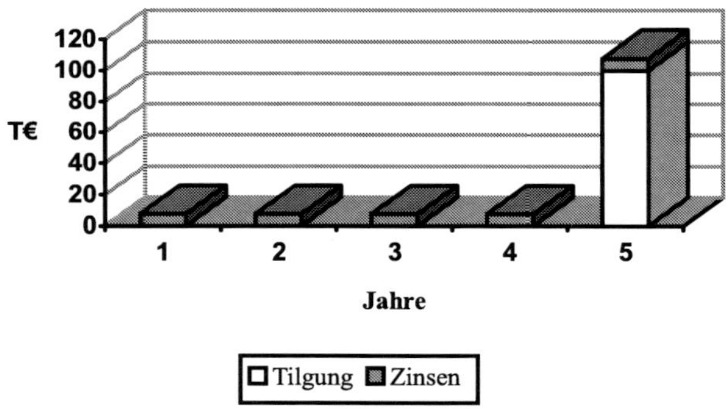

Abbildung 24: „Darlehen mit Einmaltilgung"

Dagegen wird die Fremdkapitalsumme A_0 bei der **Ratentilgung** in n gleichen Teilbeträgen getilgt. Der Tilgungsanteil T bei der Ratentilgung ergibt sich durch Division der Kreditsumme A_0 durch die Anzahl der vereinbarten Raten, bei jährlicher Ratentilgung durch die Laufzeit des Kredites n_K:

(15) $$T = \frac{A_0}{n_K}.$$

Die jährlichen Zinsen sind auf die jeweilige Restschuld zum **Jahresbeginn**, d.h. auf die Kreditsumme abzüglich geleisteter Tilgungen, zu berechnen:

(16)
$$z_t = A_0 - (T_1 + T_2 + ... + T_{t-1}) \cdot i$$
$$\text{bei } i = \frac{p}{100} .$$

Nach Umformung ergibt sich:

(17)
$$z_t = \left[A_0 - (t-1) \cdot \frac{A_0}{n_K} \right] \cdot i$$
$$\text{bei } i = \frac{p}{100} .$$

Beispiel

Kreditbetrag:	100.000 €
Kreditlaufzeit:	5 Jahre
Zinssatz:	7,5% p.a., jährlich nachschüssig

Die Tilgung soll in fünf gleichen Jahresbeträgen a 20.000 € (nachschüssige Tilgungsverrechnung) erfolgen. Es ergibt sich folgender Zins- und Tilgungsplan:

Jahr	Zins	Tilgung	Kapitaldienst	Restsaldo
01	7.500 €	20.000 €	27.500 €	80.000 €
02	6.000 €	20.000 €	26.000 €	60.000 €
03	4.500 €	20.000 €	24.500 €	40.000 €
04	3.000 €	20.000 €	23.000 €	20.000 €
05	1.500 €	20.000 €	21.500 €	0 €

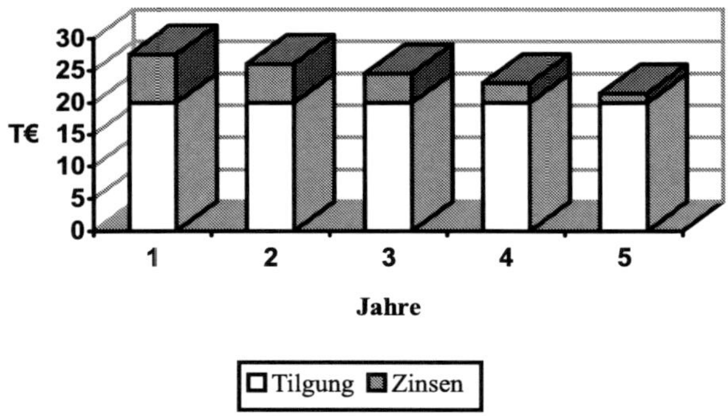

Abbildung 25: „Darlehen mit Ratentilgung"

Bei der Berechnung der **Kapitalwerte des Kreditkäufers** ist neben den Zins- und Tilgungsleistungen ein möglicherweise anfallender Verwertungserlös $V_{n_B}^{K}$ aus dem Verkauf des Objektes am Ende der wirtschaftlichen Nutzungsdauer zu berücksichtigen. Fallen hierbei Kosten an, so gilt das oben gesagte, d.h. sie vermindern den Verwertungserlös.

Der für den Kreditkauf mit Ratentilgung relevante Kapitalwert C^{KR} lässt sich somit wie folgt berechnen:[73]

$$C^{KR} = \sum \text{Tilgung} + \sum \text{Zins} - \text{Verwertungserlös}$$ [74]

(18) bzw. $$C^{KR} = \sum_{t=1}^{n_K} \left\{ \frac{A_0}{n_K} \cdot q^{-t} \right\} + \sum_{t=1}^{n_K} \left\{ \left[A_0 - (t-1) \cdot \frac{A_0}{n_K} \right] \cdot i \cdot q^{-t} \right\} - V_{n_B}^{K} \cdot q^{-n_B}$$

[73] Bei einer Einmaltilgung gilt $C^{KR} = A_0 \cdot q^{-t} + \sum_{t=1}^{n_K} \left\{ A_0 \cdot i \cdot q^{-t} \right\} - V_{n_B}^{K} \cdot q^{-n_B}$.

[74] Auch hier gilt wieder, dass ein Verwertungserlös zu subtrahieren ist.

Beispiel
In Anlehnung an das vorangegangene Beispiel soll der Kapitalwert C^{KR} ermittelt werden. Der Abzinsungssatz soll 6% p.a. betragen. Das Objekt kann am Ende des fünften Jahres für 5.000 € veräußert werden.

Jahr			Barwert
01	$27.500\ € \cdot 1{,}06^{-1}$	=	25.943 €
02	$26.000\ € \cdot 1{,}06^{-2}$	=	23.140 €
03	$24.500\ € \cdot 1{,}06^{-3}$	=	20.571 €
04	$23.000\ € \cdot 1{,}06^{-4}$	=	18.218 €
05	$21.500\ € \cdot 1{,}06^{-5}$	=	16.066 €
	$-\ 5.000\ € \cdot 1{,}06^{-5}$	=	- 3.736 €
			100.202 €

Im Gegensatz zur Ratentilgung, bei der die Belastung des Kreditnehmers zu Beginn der Darlehenslaufzeit am größten ist und aufgrund der durch Tilgungen reduzierten Zinslast von Jahr zu Jahr geringer wird, bleibt bei der **Annuitätentilgung** die jährliche Belastung durch Tilgung und Verzinsung konstant. D.h. in der Annuität sind die Verzinsung und die Tilgungsanteile enthalten:

$$a\ (konstant) = z + T \quad (19)$$

Beispiel
Kreditbetrag: 100.000 €
Kreditlaufzeit: 5 Jahre
Zinssatz: 7,5% p.a., jährlich nachschüssig
Jährlich nachschüssige Annuitätentilgung wurde vereinbart. Die Annuität beträgt 24.716 € p.a. Es ergibt sich folgender Zins- und Tilgungsplan:

Jahr	Zins	Tilgung	Kapitaldienst	Restsaldo
01	7.500 €	17.216 €	24.716 €	82.784 €
02	6.208 €	18.508 €	24.716 €	64.276 €
03	4.820 €	19.896 €	24.716 €	44.380 €
04	3.328 €	21.388 €	24.716 €	22.992 €
05	1.724 €	22.992 €	24.716 €	0 €

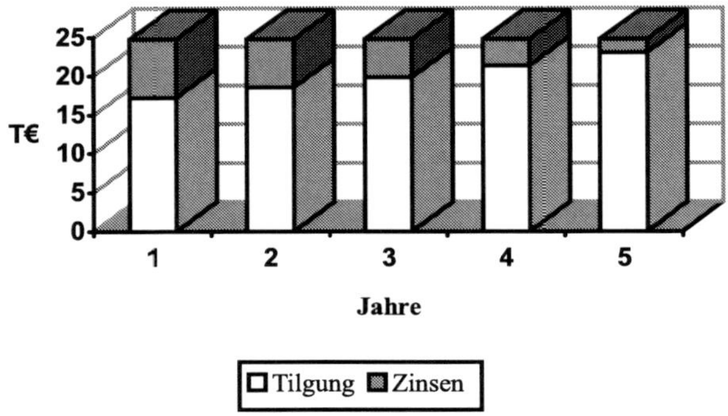

Abbildung 26: „Darlehen mit Annuitätentilgung“

Ferner sind bei einem Kreditkauf mit Annuitätentilgung ebenfalls ein ggf. am Ende der wirtschaftlichen Nutzungsdauer zu erzielender Verwertungserlös bzw. anfallende Verwertungskosten $V_{n_B}^K$ zu berücksichtigen.

Der Barwert C^{KA} bei Annuitätentilgung berechnet sich also aus:

(20) $$C^{KA} = \sum_{t=1}^{n_K} \{a\} \cdot q^{-t} - V_{n_B}^V \cdot q^{-n_B} \quad .$$

Beispiel

In Anlehnung an das vorangegangene Beispiel soll der Kapitalwert C^{KA} ermittelt werden. Der Abzinsungssatz soll 6% p.a. betragen. Auch hier kann das Objekt am Ende des fünften Jahres zu 5.000 € veräußert werden.

Der Kapitalwert C^{KA} ermittelt sich dann:

Jahr			Barwert
01	24.716 € · $1{,}06^{-1}$	=	23.317 €
02	24.716 € · $1{,}06^{-2}$	=	21.997 €
03	24.716 € · $1{,}06^{-3}$	=	20.752 €
04	24.716 € · $1{,}06^{-4}$	=	19.577 €
05	24.716 € · $1{,}06^{-5}$	=	18.469 €
	- 5.000 € · $1{,}06^{-5}$	=	- 3.736 €
			100.376 €

Bei der Annuität a ist zu berücksichtigen, dass sich - bedingt durch die jährliche Tilgung - der Zinsanteil von Jahr zu Jahr verringert, der Tilgungsanteil in entsprechender Höhe jedoch steigt. Die Annuität ermittelt sich aus der Gleichung:

$$a = A_0 \cdot \frac{q-1}{q-1^{-n}} \qquad (21)$$

Beispiel

In Anlehnung an das vorangegangene Beispiel wurde die Annuität ermittelt:

$$a = 100.000 \cdot \frac{1{,}075 - 1}{1 - 1{,}075^{-5}}$$

$$a = 24.716$$

Die erste Annuitätenzahlung setzt sich zu 7.500 €, d.h. 7,5% von 100.000 €, aus dem Zins- und zu den restlichen 17.216 € aus dem Tilgungsanteil zusammen.

Wird die Annuität in den Zins- und Tilgungsanteil aufgespalten, so gilt für den Tilgungsanteil T_k am Ende des k-ten Jahres:

(22) $$T_k = T_1 \cdot q^{k-1} \; .$$

Für die Summe der Tilgungsanteile gilt:

(23) $$A_0 = T_1 + T_2 + \ldots + T_k \, .$$

Nach Umformung der geometrischen Reihe ergibt sich:

(24) $$A_0 = T_1 + T_1 \cdot q + \ldots + T_1 \cdot q^{k-1} \, ,$$

bzw.:

(25) $$A_0 = \sum_{t=1}^{n} \left\{ T_1 \cdot q^{n-1} \right\} .$$

Der jeweilige Zinsanteil z_k ermittelt sich aus der Restschuld RS vor Tilgungsverrechnung, also:

(26) $$z_k = RS_{k-1} \cdot i$$

$$\text{bei } i = \frac{p}{100} \; .$$

Die Restschuld am Ende des k-ten Jahres ergibt sich aus:

(27) $$RS_k = A_0 - \left(T_1 + T_2 + \ldots + T_k \right) .$$

Nach Umformung ergibt sich:

(28) $$RS_k = A_0 - \left(T_1 + T_1 \cdot q + \ldots + T_1 \cdot q^{k-1} \right) .$$

bzw.:

(29) $$RS_k = A_0 - T_1 \cdot \frac{q^k - 1}{q - 1} \ .$$

Beispiel

Bezogen auf das vorangegangene Beispiel beträgt der Tilgungsanteil T_k bei

$T_1 =$	$17.216 \cdot 1{,}075^{1-1}$	=	17.216 €
$T_2 =$	$17.216 \cdot 1{,}075^{2-1}$	=	18.508 €
$T_3 =$	$17.216 \cdot 1{,}075^{3-1}$	=	19.896 €
$T_4 =$	$17.216 \cdot 1{,}075^{4-1}$	=	21.388 €
$T_5 =$	$17.216 \cdot 1{,}075^{5-1}$	=	22.992 €

Die Restschuld zum jeweiligen Jahresende nach Verrechnung der Tilgung des laufenden Jahres beträgt $RS_k = A_0 - (T_1 + T_2 + ... + T_k)$ bei

$RS_1 =$	100.000-17.216	=	82.784 €
$RS_2 =$	100.000-17.216-18.508	=	64.276 €
$RS_3 =$	100.000-17.216-18.508-19.896	=	44.380 €
$RS_4 =$	100.000-17.216-18.508-19.896-21.388	=	22.992 €
$RS_5 =$	100.000-17.216-18.508-19.896-21.388-22.992	=	0 €

und die Zinsen $Z_k = RS_{k-1} \cdot i$

$Z_1 =$	$100.000 \cdot 0{,}075$	=	7.500 €
$Z_2 =$	$82.784 \cdot 0{,}075$	=	6.208 €
$Z_3 =$	$64.276 \cdot 0{,}075$	=	4.820 €
$Z_4 =$	$44.380 \cdot 0{,}075$	=	3.328 €
$Z_5 =$	$22.992 \cdot 0{,}075$	=	1.724 €

Benötigt wird jedoch, wie bereits im vorstehenden Beispiel berücksichtigt, für die Zinsberechnung des *k*-ten Jahres die Restschuld zum Beginn des *k*-ten Jahres, bzw. die Restschuld zum Ende des Vorjahres$_{k-1}$:

(30) $$RS_{k-1} = A_0 - T_1 \cdot \frac{q^{k-1} - 1}{q - 1} \ .$$

Eingesetzt in die Gleichung

(26) $$z_k = RS_{k-1} \cdot i$$

ergibt sich:

(31) $$z_k = \left(A_0 - T_1 \cdot \frac{q^{k-1} - 1}{q - 1} \right) \cdot i \ .$$

<u>Beispiel</u>
Z_3 des vorangegangenen Beispiels wird verprobt mit

$$Z_3 = \left(100.000 - 17.216 \cdot \frac{1{,}075^{3-1} - 1}{1{,}075 - 1} \right) \cdot 0{,}075$$

$$Z_3 = 4.820$$

Im Ergebnis ermittelt sich der Barwert C^{KA} also als: [75]

$$C^{KA} = \sum \text{Tilgung} + \sum \text{Zins - Verwertungserlös}$$

(32) $$C^{KA} = \sum_{t=1}^{n_K} \left\{ T_1 \cdot q^{t-1} + \left(A_0 - T_1 \cdot \frac{q^{k-1} - 1}{q - 1} \right) \cdot i \right\} \cdot q^{-t} - V_{n_B}^{K} \cdot q^{-n_B}$$

---

[75] Angemerkt sei, dass unter der Voraussetzung Kalkulationszinsfuß = Fremdkapitalzins für den Zeitpunkt $t_{\text{vor Verwertung}}$ gilt $C^{KR} = C^{KA} = A_0$.

Es sei noch einmal daran erinnert, dass bei einem Vergleich von zwei Finanzierungsalternativen derjenigen der Vorzug zu geben ist, die den **geringeren Barwert der Auszahlungen** aufweist.[76]

5.3 Kapitalwertmethode unter Berücksichtigung der Steuerauswirkungen

5.3.1 Vorbemerkungen

In die bisher erarbeiteten Kapitalwertformeln sollen nun die Wirkungen folgender Steuern eingearbeitet werden:

Einzelunternehmen/ Personengesellschaft	Kapitalgesellschaft
• Gewerbesteuer • Einkommensteuer • Kirchensteuer • Solidaritätszuschlag	• Gewerbesteuer • Körperschaftsteuer • Solidaritätszuschlag

Abbildung 27: „Bei der Vergleichsrechnung zu berücksichtigende Steuerarten“

Dabei werden die **Belastungsdifferenzen** berücksichtigt, die sich aus der jeweiligen Finanzierungsform ergeben. Nicht die steuerliche Gesamtbelastung ist entscheidend, sondern die jeweiligen Veränderungen der Steuerzahlungen. Diese Veränderungen müssen in der Kapitalwertformel als zusätzliche Ein- bzw. Auszahlungen berücksichtigt werden.

Die in den Steuergesetzen vielfältig vorhandenen Abrundungsvorschriften werden hierbei nicht beachtet.

Auch können die folgenden Berechnungen nicht jede mögliche Vertragsausgestaltung enthalten. Sie sollen ein Instrumentarium vorstellen, welches alle wesentlichen Steuerent- bzw. –belastungen enthält. Es kann jedoch auf die individuellen Entscheidungsparameter angepasst werden.

---

[76] Vgl. Kapitel 5.1

Bei Leasingverträgen werden nur solche Verträge betrachtet, die keinen Eigentumserwerb durch den Leasingnehmer vorsehen, also nur Leasingverträge ohne Kaufoption des Leasingnehmers bzw. ohne Andienungsrecht des Leasinggebers.

5.3.2 Gewerbesteuer

Bei der Ermittlung des Gewerbesteuersatzes s^{Gew} ist zu berücksichtigen, dass die Gewerbesteuer eine bei der Gewinnermittlung abzugsfähige Betriebsausgabe ist. Somit vermindert sie den einkommen- bzw. körperschaftsteuerlichen Gewinn. Dieser Gewinn bildet aber die Grundlage der Berechnung des Gewerbeertrages, d.h. der Gewerbeertrag kann erst ermittelt werden, wenn die auf ihn entfallende Gewerbesteuer bereits diesen vermindert hat. Die Gewerbesteuer ist somit von ihrer eigenen Bemessungsgrundlage abzugsfähig.

Um aus dem Gewerbeertrag vor Abzug der Gewerbesteuer die Gewerbesteuer ermitteln zu können, wird die Abzugsfähigkeit der Gewerbesteuer im Steuersatz berücksichtigt.[77]

Der durch die eigene Abzugsfähigkeit geminderte Gewerbesteuersatz berechnet sich wie folgt:

$$s^{Gew} = \frac{Steuermesszahl \cdot Hebesatz}{10.000 + (Steuermesszahl \cdot Hebesatz)} \quad (33)$$

[77] Der Gewerbeertrag vor Abzug der Gewerbesteuer (*GewE**) ermittelt sich aus dem Gewinn vor Abzug der Gewerbesteuer, korrigiert um die Hinzurechnungen und Kürzungen nach § 8 und § 9 GewStG.

Probe:
Der Gewerbeertrag vor Abzug der Gewerbesteuer (*GewE**) beträgt 120.000 €. Hinzurechnungen und Kürzungen nach § 8 und § 9 GewStG sind nicht vorzunehmen. Der Hebesatz soll 400% betragen.

Die Steuermesszahl beträgt nach § 11 Abs. 2 GewStG 5%.

$$s^{Gew} = \frac{5 \cdot 400}{10.000 + (5 \cdot 400)} = 0{,}1667$$

Es ergibt sich ein Gewerbesteuer-Prozentsatz von 16,67%.

Ermittlung der Gewerbesteuer:

$$GewSt = GewE^* \cdot s^{Gew}$$

bzw. 120.000 · 0,1667 = **20.000**

Ermittlung der Gewerbesteuer gemäß Abb. 12:

	Gewinn vor Gewerbesteuer	120.000
-	Gewerbesteuer	- 20.000
=	**Gewinn nach Gewerbesteuer/ Gewerbeertrag**	**100.000**
·	Steuermesszahl	· 5%
=	Steuermessbetrag	5.000
·	Hebesatz	· 400%
=	**Gewerbesteuer**	**20.000**

Die Steuermesszahl beträgt nach § 11 Abs. 2 Nr. 2 GewStG für Gewerbebetriebe, die nicht von natürlichen Personen oder Personengesellschaften betrieben werden, 5% des Gewerbeertrages.

Wird die für natürliche Personen und Personengesellschaften gestaffelte Steuermesszahl des § 11 Abs. 2 Nr. 1 GewStG wie oben beschrieben[78] in einen fiktiven Freibetrag umgerechnet, der vom Gewerbeertrag abgezogen wird, so kann auch hier mit einer Steuermesszahl von 5% gerechnet werden.

[78] Vgl. Kapitel 2.3.4

Die Formel (33) vereinfacht sich dann in

$$(34) \qquad s^{Gew} = \frac{Hebesatz}{2.000 + Hebesatz} \ .$$

<u>Beispiel 1:</u>
Der Gewerbeertrag einer Kapitalgesellschaft vor Abzug der Gewerbesteuer soll 182.000 € betragen, der Hebesatz der Gemeinde beträgt 400%.

- **Kürzung um einen Freibetrag:**
  entfällt bei einer Kapitalgesellschaft

- **Ermittlung des s^{Gew}:**[79]
  $$s^{Gew} = \frac{400}{2.000 + (400)} = 0{,}1667$$

- **Ermittlung der Gewerbesteuer:**
  182.000 € · 0,1667 = **30.339 €**

<u>Beispiel 2:</u>
Der Gewerbeertrag eines Einzelunternehmens vor Abzug der Gewerbesteuer soll 182.000 € betragen, der Hebesatz der Gemeinde beträgt auch hier 400%.

- **Kürzung um einen Freibetrag:**

Gewerbeertrag	182.000 €
- Freibetrag nach § 11 Abs. 1 GewStG	24.500 €
- fiktiver Freibetrag	24.000 €
verbleibender Gewerbeertrag	133.500 €

[79] Probe durch Formel (33): $s^{Gew} = \frac{5 \cdot 400}{10.000 + (5 \cdot 400)} = 0{,}1667$

- **Ermittlung des s^{Gew}:**

  $$s^{Gew} = \frac{400}{2.000 + 400} = 0{,}1667$$

- **Ermittlung der Gewerbesteuer:**

  133.500 € · 0,1667 = **22.254 €**

Die Leasingraten stellen – sofern das Leasingobjekt dem Leasinggeber steuerlich zugerechnet wird - beim Leasingnehmer abzugsfähige Betriebsausgaben dar, die den Gewerbeertrag mindern. Hinzurechnungen und Kürzungen nach §§ 8 und 9 GewStG kommen regelmäßig nicht in Betracht.

Somit beeinflussen bei Abschluss eines **Leasingvertrages** in der Periode t nur die Leasingraten, evtl. Mietverlängerungsraten und die evtl. Aufteilung des Mehrerlöses bzw. die zu leistende Schlusszahlung den der Besteuerung unterliegenden Gewerbeertrag. Ferner ist die Auflösung des für Sonderzahlungen und Mietvorauszahlungen gebildeten Rechnungsabgrenzungspostens aufwandsmäßig in l_t^G zu berücksichtigen.

Bei einem Vergleich zwischen zwei Alternativen interessieren jedoch nicht die absolute Höhe der Steuerzahlungen, sondern die aus der Alternativenwahl resultierenden Veränderungen der Steuerbelastungen. Daher werden nur die jährlichen Veränderungen der Steuerzahlungen berechnet:[80]

(35) $$\Delta GewSt_t^L = -s^{Gew}\left(l_t^G + l_t^V - V_{n_G/n_V}^L + Z_{n_G/n_V}^L\right)$$
bei $t = 1,2,\ldots,n_V$.

[80] Zur Erinnerung: Auszahlungen werden als positive, Einzahlungen als negative Zahlungen erfasst. Leasingraten etc. als Auszahlungen und Betriebsausgaben führen regelmäßig zu einer Verringerung der Gewerbesteuer; daher wird s^{Gew} mit einem negativen Vorzeichen versehen.

Beispiel
Der Gewerbesteuersatz soll 16,67% betragen.

Der Leasingnehmer hat einen Vollamortisationsvertrag ohne Kauf- bzw. Mietverlängerungsoption abgeschlossen. Die Leasingrate beträgt 24.716 € p.a.

In diesem Fall beträgt die Änderung der Gewerbesteuer

$$\Delta GewSt_t^L = -0{,}1667 \cdot (24.716) = -4.120\,,$$

d.h. durch die Leasingrate ergibt sich eine Gewerbesteuer-Einsparung i.H.v. 4.120 € p.a.

Bei der Finanzierung durch Kreditkauf vermindern Abschreibungen und Kreditzinsen den steuerpflichtigen Gewinn. Die Kreditverbindlichkeiten führen regelmäßig zu gewerbesteuerlichen Dauerschulden, d.h. die Kreditzinsen dürfen den Gewerbeertrag nur in Höhe von 50% der angefallenen Zinsaufwendungen mindern. Wird das (kreditfinanzierte) Objekt am Ende der wirtschaftlichen Nutzungsdauer veräußert, so beeinflussen die anfallenden Veräußerungsgewinne bzw. –verluste ebenfalls den Gewerbeertrag. Dieses Veräußerungsergebnis ermittelt sich als Differenz des Veräußerungserlöses $V_{n_B}^K$ und des Restbuchwertes, d.h. des Betrages der Anschaffungskosten A_0 abzüglich der bis zum Veräußerungszeitpunkt vorgenommenen Abschreibungen.

Es ergibt sich für einen **Kreditkauf mit Ratentilgung**[81] für die Periode t:

[81] Bei einer Einmaltilgung vereinfacht sich die Berechnung auf:

$$\Delta GewSt_t^{KR} = -s^{Gew}\left(AfA_t + 0{,}5 \cdot i \cdot A_0 - \left[V_{n_B}^K - \left(A_0 - \sum_{t=1}^{n_B} \{AfA_t\} \right) \right] \right)$$

$$(36) \qquad \Delta GewSt_t^{KR} = -s^{Gew} \left(\begin{array}{l} AfA_t + 0{,}5 \cdot i \cdot \left[A_0 - (t-1) \cdot \frac{A_0}{n_K} \right] \\ - \left[V_{n_B}^K - \left(A_0 - \sum_{t=1}^{n_B} \{AfA_t\} \right) \right] \end{array} \right)$$

bzw. für einen **Kreditkauf mit Annuitätentilgung** für die Periode t:

$$(37) \qquad \Delta GewSt_t^{KA} = -s^{Gew} \left(\begin{array}{l} AfA_t + 0{,}5 \cdot i \cdot \left[A_0 - \left(T_1 \cdot \frac{q^{t-1} - 1}{q-1} \right) \right] \\ - \left[V_{n_B}^K - \left(A_0 - \sum_{t=1}^{n_B} \{AfA_t\} \right) \right] \end{array} \right)$$

Beispiel 1:

Es soll eine neue Maschine angeschafft werden. Die Anschaffungskosten betragen 100.000 €. Die betriebsgewöhnliche Nutzungsdauer beträgt 5 Jahre, die jährliche Abschreibung somit 20% der ursprünglichen Anschaffungskosten, d.h. 20.000 € p.a.

Die Finanzierung soll durch die Aufnahme eines **Ratenkredites** erfolgen. Die Kreditlaufzeit beträgt 5 Jahre, der Zinssatz 7,5% p.a. Es sind jährlich nachträgliche Zins- und Tilgungsverrechnungen vereinbart. Es ergeben sich daher folgende Zinsaufwendungen:

Jahr	Zins	davon 50% Dauerschuldzinsen
01	7.500	3.750
02	6.000	3.000
03	4.500	2.250
04	3.000	1.500
05	1.500	750

Nach fünf Jahren wird die Maschine zu einem Preis von 7.500 € veräußert. Der Gewerbesteuersatz soll 16,67 % (bei einem Hebesatz von 400%) betragen. Die Höhe der Gewerbesteuerentlastung kann ermittelt werden als:

Jahr	AfA	Dauerschuld-zinsen	Veräußerungs-gewinn	Zwischen-summe	s^{Gew}	$\Delta GewSt_t^{KR}$
01	20.000	3.750		23.750	-0,1667	= -3.959
02	20.000	3.000		23.000	-0,1667	= -3.834
03	20.000	2.250		22.250	-0,1667	= -3.709
04	20.000	1.500		21.500	-0,1667	= -3.584
05	20.000	750	-7.500[82]	13.250	-0,1667	= -2.209

Beispiel 2:
Statt der Ratentilgung wird ein Darlehen mit **Annuitätentilgung** zur Finanzierung gewählt. Daraus ergibt sich als Zinsaufwendungen:

Jahr	Zins	davon 50% Dauerschuldzinsen
01	7.500	3.750
02	6.208	3.104
03	4.820	2.410
04	3.328	1.664
05	1.724	862

bzw. als Gewerbesteuerentlastung:

Jahr	AfA	Dauerschuld-zinsen	Veräußerungs-gewinn	Zwischen-summe	s^{Gew}	$\Delta GewSt_t^{KR}$
01	20.000	3.750		23.750	-0,1667	= -3.959
02	20.000	3.104		23.104	-0,1667	= -3.851
03	20.000	2.410		22.410	-0,1667	= -3.736
04	20.000	1.664		21.664	-0,1667	= -3.611
05	20.000	862	-7.500[83]	13.362	-0,1667	= -2.227

[82] Der Veräußerungsgewinn errechnet sich aus: 7.500 - (100.000 – (5 · 20.000)) = 7.500
[83] auch hier : 7.500 - (100.000 – (5 · 20.000)) = 7.500

5.3.3 Einkommensteuer

Will man die Einkommensteuer ermitteln, so muss berücksichtigt werden, dass einzelne Steuerarten bei der Einkommensteuerermittlung abzugsfähig sind:

- Die Kirchensteuer ist von der Höhe der Einkommensteuer abhängig. Gleichzeitig handelt es sich bei der Kirchensteuer um eine abzugsfähige Sonderausgabe, § 10 Abs. 1 Nr. 4 EStG. Man spricht in diesem Zusammenhang auch von einer Wechselwirkung.

- Die Gewerbesteuer ist als Betriebsausgabe abzugsfähig bei der Ermittlung der einkommensteuerlichen Bemessungsgrundlage, § 4 Abs. 4 EStG.

- Auch der Solidaritätszuschlag richtet sich nach der Höhe der Einkommensteuer; er ist jedoch keine abzugsfähige Betriebsausgabe bzw. Sonderausgabe.

- Die Anrechnung der Gewerbesteuer auf die Einkommensteuer nach § 35 EStG. Von der Einkommensteuer wird das 1,8-fache des Gewerbesteuermessbetrages abgezogen.

Die Höhe der Einkommensteuer soll bei Beachtung der Steuergerechtigkeit und der sozialstaatlichen Komponente an der Leistungsfähigkeit des Steuerpflichtigen angepasst sein. Aus diesem Grund ist der Tarifverlauf stufenförmig angelegt.

Gesetzlich niedergelegt ist der Einkommensteuertarif in § 32a EStG. Die Einkommensteuer bemisst sich nach dem zu versteuernden Einkommen, so dass unter Berücksichtigung der Steuerermäßigung bei gewerblichen Einkünften (§ 35 EStG) geschrieben werden kann:

(38) $$ESt = s^{ESt} \cdot ZVE - s_{35}^{ESt}$$

bei:

$$s^{ESt} = \textit{aus § 32a EStG abgeleiteter Prozentsatz}$$
$$s_{35}^{ESt} = \textit{Steuerermäßigung nach § 35 EStG}$$
$$ZVE = \textit{zu versteuerndes Einkommen i. S. d. EStG}$$

Steuerermäßigung nach § 35 EStG

Für die Steuerermäßigung nach § 35 EStG muss zunächst der Gewerbesteuermessbetrag ermittelt werden.

Die zu zahlende Gewerbesteuer errechnet sich (vgl. Abb. 12) durch Multiplikation des Gewerbesteuermessbetrages (*SMB*) mit dem Hebesatz (*HS*), also

(39) $$GewSt = SMB \cdot HS$$

bzw. durch Anwendung des Steuersatzes s^{Gew} auf den Gewerbeertrag vor Abzug der Gewerbesteuer ($GewE^*$)

(40) $$GewSt = GewE^* \cdot s^{Gew}$$

Es kann also auch geschrieben werden

(41) $$SMB \cdot HS = GewE^* \cdot s^{Gew}$$

bzw. $$SMB = \frac{GewE^* \cdot s^{Gew}}{HS}$$

Die Steuerermäßigung nach § 35 EStG beträgt das 1,8-fache des Gewerbesteuermessbetrages, also

(42) $$s_{35}^{ESt} = 1{,}8 \cdot SMB$$

bzw. $$s_{35}^{ESt} = 1{,}8 \cdot \frac{GewE^{*} \cdot s^{Gew}}{HS}$$

Daher kann für die Höhe der Einkommensteuer in Fortführung der Gleichung (38) auch geschrieben werden:

(43) $$ESt = s^{ESt} \cdot ZVE - \left(\frac{1{,}8 \cdot GewE^{*} \cdot s^{Gew}}{HS} \right)$$

Für die Vergleichsrechnung ist jedoch nicht die absolute Höhe der Einkommensteuer maßgebend, sondern die zusätzliche Be-/Entlastung aus der Wahl der Finanzierungsalternativen. Maßgeblich ist der Grenzsteuersatz, also der Steuersatz, mit dem die Einkommensänderung besteuert wird.

Beispiel
Befindet sich der Steuerpflichtige mit seinem zu versteuernden Einkommen im sog. Plafond, d.h. in der oberen Proportionalzone, so wird jeder Einkommenszuwachs gleichbleibend mit 48,5% besteuert. Der Grenzsteuersatz beträgt in diesem Fall 48,5%.

Leasingraten aus erlasskonformen Leasingverträgen stellen bei der Ermittlung des zu versteuernden Einkommens abzugsfähige Betriebsausgaben dar. Gleiches gilt für evtl. anfallende Mietverlängerungsraten und die evtl. Auflösung eines Rechnungsabgrenzungspostens sowie die evtl. zu leistende Schlusszahlung bei einem Teilamortisationsvertrag. Evtl. Mehrerlösbeteiligungen sind als Betriebseinnahmen zu erfassen. In gleicher Höhe verändert sich durch diese Zahlungen der Gewerbeertrag vor Steuern $GewE^{*}$. Ferner muss aufgrund der Abzugsfähigkeit der Gewerbesteuer als Betriebsausgabe auch die Veränderung der Gewerbesteuerbelastung berücksichtigt werden.

Wird ein Leasingvertrag als Finanzierungsalternative gewählt, so führt dies zu einer Veränderung des zu versteuernden Einkommens und der zu zahlenden Einkommensteuer:[84]

(44)
$$\Delta ESt_t^L = \begin{bmatrix} -s^{ESt} \cdot \begin{pmatrix} l_t^G + l_t^V - V_{n_G/n_V}^L + Z_{n_G/n_V}^L \\ + \Delta GewSt_t^L \end{pmatrix} \\ + \dfrac{1{,}8 \cdot \left(l_t^G + l_t^V - V_{n_G/n_V}^L + Z_{n_G/n_V}^L\right) \cdot s^{Gew}}{HS} \end{bmatrix}$$
bei $t = 1,2,\ldots,n_V$.

Der Term $\left(l_t^G + l_t^V - V_{n_G/n_V}^L + Z_{n_G/n_V}^L\right) \cdot s^{Gew}$ kann aber auch als $-\Delta GewSt_t^L$ gemäß Gleichung (35) definiert werden. Daher vereinfacht sich Gleichung (44) in:

(45)
$$\Delta ESt_t^L = \begin{bmatrix} -s^{ESt} \cdot \begin{pmatrix} l_t^G + l_t^V - V_{n_G/n_V}^L + Z_{n_G/n_V}^L \\ + \Delta GewSt_t^L \end{pmatrix} \\ + \dfrac{1{,}8 \cdot \left(-\Delta GewSt_t^L\right)}{HS} \end{bmatrix}$$
bei $t = 1,2,\ldots,n_V$.

[84] Auch hier führen die Leasingraten etc. als Betriebsausgaben zu einer Verminderung/Ersparnis der Einkommensteuer. $\Delta GewSt_t^L$ ist als Einsparung bereits negativ und vermindert somit die abzugsfähigen Betriebsausgaben. Die Steuerermäßigung nach § 35 EStG führt zu einer Einzahlung, daher vermindert sie die Einkommensteuer-Einsparung.

Beispiel
Der Leasingnehmer hat einen Vollamortisationsvertrag ohne Kauf- bzw. Mietverlängerungsoption abgeschlossen. Die Leasingrate beträgt 24.716 € p.a.

In diesem Fall beträgt bei einem Hebesatz von 400% die Änderung der Gewerbesteuer 4.120 € p.a.

Bei einem Grenzsteuersatz der Einkommensteuer von 48,5% errechnet sich die Änderung der Einkommensteuer als

$$\Delta ESt_t^L = \left[-0{,}485 \cdot \left(24.716 + \left(-4.120\right)\right) + \frac{1{,}8 \cdot 4.120}{\frac{400}{100}} \right]$$

und somit als $\Delta ESt_t^L = \left[-8.135\right]$, d.h. durch die Leasingrate ergibt sich eine Änderung der Einkommensteuer i.H.v. – 8.135 € p.a.

Bei der Ermittlung des Gewerbeertrages als Bemessungsgrundlage für die Gewerbesteuer sind die **Zinsen für die Darlehensaufnahme** nur in Höhe von 50% abzusetzen; bei der Ermittlung des zu versteuernden Einkommens für die Einkommensteuer sind diese Zinsaufwendungen jedoch voll abzugsfähig. Gleichfalls abzugsfähig sind – wie bereits unter Punkt 2.3.1 ausgeführt – die AfA und die Gewerbesteuer als Betriebsausgaben. Dagegen ist ein evtl. Veräußerungsgewinn als Betriebseinnahme zu erfassen.

Für den **Kreditkauf mit Ratentilgung** kann daher geschrieben werden:[85]

(46)
$$\Delta ESt_t^{KR} = \left[-s^{ESt} \cdot \left(\begin{array}{l} AfA_t + i \cdot \left[A_0 - (t-1) \cdot \frac{A_0}{n_K} \right] \\ - \left[V_{n_B}^K - \left(A_0 - \sum_{t=1}^{n_B} \{AfA_t\} \right) \right] \\ + \Delta GewSt_t^{KR} \end{array} \right) + \frac{1{,}8 \cdot \left(-\Delta GewSt_t^{KR} \right)}{HS} \right]$$

bei $t = 1,2,\ldots,n_B$.

Beispiel

Es soll eine neue Maschine angeschafft werden. Die Anschaffungskosten betragen 100.000 €. Die betriebsgewöhnliche Nutzungsdauer beträgt 5 Jahre, die jährliche Abschreibung somit 20% der ursprünglichen Anschaffungskosten, d.h. 20.000 € p.a.

Die Finanzierung soll durch die Aufnahme eines Ratenkredites erfolgen. Die Kreditlaufzeit beträgt 5 Jahre, der Zinssatz 7,5% p.a. Es sind jährlich nachträgliche Zins- und Tilgungsverrechnungen vereinbart.

Nach fünf Jahren wird die Maschine zu einem Preis von 7.500 € veräußert. Der Gewerbesteuersatz soll 16,67 % (bei einem Hebesatz von 400%) betragen. Die abzugsfähigen Betriebsausgaben errechnen sich als

[85] Bei einer Einmaltilgung gilt wiederum:

$$\Delta ESt_t^{KR} = -s^{ESt} \cdot \left(AfA_t + i \cdot A_0 - \left[V_t^K - \left(A_0 - \sum_{t=1}^{n_B} \{AfA_t\} \right) \right] + \Delta GewSt_t^{KR} \right) + \frac{1{,}8 \cdot \left(-\Delta GewSt_t^{KR} \right)}{HS}$$

Jahr	AfA	Zinsen	Veräußerungs-gewinn	GewSt-Entlastung	Betriebs-ausgaben
01	20.000	7.500		-3.959	= 23.541
02	20.000	6.000		-3.834	= 22.166
03	20.000	4.500		-3.709	= 20.791
04	20.000	3.000		-3.584	= 19.416
05	20.000	1.500	-7.500[86]	-2.209	= 11.791

Die Höhe der Einkommensteuerentlastung kann bei einem angenommenen Grenzsteuersatz von 48,5% ermittelt werden als:

Jahr	Betriebs-ausgaben	ESt-Satz	Zwischen-summe	Entlastung nach § 35	ΔESt
01	23.541	-0,485	-11.417	1.782	-9.635
02	22.166	-0,485	-10.751	1.725	-9.026
03	20.791	-0,485	-10.084	1.669	-8.415
04	19.416	-0,485	-9.417	1.613	-7.804
05	11.791	-0,485	-5.719	994	-4.725

Bei einem **Kreditkauf mit Annuitätentilgung** gilt:

(47)
$$\Delta ESt_t^{KA} = \left[-s^{ESt} \cdot \left(\begin{array}{l} AfA_t + i \cdot \left[A_0 - T_1 \cdot \dfrac{q^{t-1}-1}{q-1} \right] \\ -\left[V_{n_B}^K - \left(A_0 - \sum_{t=1}^{n_B} \{AfA_t\} \right) \right] \\ + \Delta GewSt_t^{KA} \end{array} \right) + \frac{1{,}8 \cdot \left(-\Delta GewSt_t^{KA} \right)}{HS} \right]$$

bei $t = 1,2,\ldots,n_B$.

[86] Der Veräußerungsgewinn errechnet sich aus: 7.500 - (100.000 – (5 · 20.000)) = 7.500

Beispiel
In Anlehnung an das vorangegangene Beispiel soll ein Darlehen mit Annuitätentilgung zur Finanzierung gewählt werden. Daraus ergibt sich als Betriebsausgaben:

Jahr	AfA	Zinsen	Veräußerungsgewinn	GewSt-Entlastung	Betriebsausgaben
01	20.000	7.500		-3.959	= 23.541
02	20.000	6.208		-3.851	= 22.357
03	20.000	4.820		-3.736	= 21.084
04	20.000	3.328		-3.611	= 19.717
05	20.000	1.724	-7.500[87]	-2.227	= 11.997

Die Höhe der Einkommensteuerentlastung kann bei einem angenommenen Grenzsteuersatz von 48,5% ermittelt werden als:

Jahr	Betriebsausgaben	ESt-Satz	Zwischensumme	Entlastung nach § 35	ΔESt
01	23.541	-0,485	-11.417	1.782	-9.635
02	22.357	-0,485	-10.843	1.733	-9.110
03	21.084	-0,485	-10.226	1.681	-8.545
04	19.717	-0,485	-9.563	1.625	-7.938
05	11.997	-0,485	-5.819	1.002	-4.817

Kirchensteuer
Ferner ist die Kirchensteuer zu berücksichtigen, falls der Steuerpflichtige einer kirchlichen Körperschaft angehört. Die Kirchensteuer wird aufgrund von Kirchensteuergesetzen erhoben, die von den gesetzgebenden Körperschaften der Bundesländer zu erlassen sind. Bemessungsgrundlage der Kirchensteuer ist die Höhe der Einkommensteuer. Je nach Bundesland schwankt der Steuersatz zwischen 8% und 9%.

Ist Kirchensteuer zu erheben, so kann ein kombinierter Einkommen-/ Kirchensteuersatz $s^{ESt/KiSt}$ ermittelt werden. Die pauschalierte Er-

[87] Der Veräußerungsgewinn errechnet sich aus: 7.500 - (100.000 – (5 · 20.000)) = 7.500

mäßigung der Einkommensteuer nach § 35 EStG verringert nach § 51a Abs. 2 S. 3 EStG **nicht** die Bemessungsgrundlage für die Kirchensteuer. Es kommt daher durch die Verminderung der Einkommensteuer nicht zu einem Ausfall von Kirchensteuer.

Die Kirchensteuer ist, wie oben bereits erwähnt, als Sonderausgabe abzugsfähig.

Wird das Einkommen vor Abzug der Kirchensteuer mit *E* bezeichnet, so ergibt sich als Bemessungsgrundlage sowohl für die Einkommen- als auch für die Kirchensteuer der Wert *E-KiSt.* Die Einkommensteuer berechnet sich durch Multiplikation dieser Bemessungsgrundlage mit dem Einkommensteuersatz s^{ESt}. Die Kirchensteuer kann durch Multiplikation des Steuersatzes s^{KiSt} mit der Einkommensteuer, bzw. durch Multiplikation des Steuersatzes s^{KiSt} mit dem Produkt aus *(E-KiSt)* und dem Einkommensteuersatz s^{ESt} ermittelt werden. Es ergibt sich also:

(48) $$ESt = (E - KiSt) \cdot s^{ESt}$$

und

(49) $$KiSt = ESt \cdot s^{KiSt}$$

bzw. Formel (48) eingesetzt in Formel (49):

(50) $$KiSt = (E - KiSt) \cdot s^{ESt} \cdot s^{KiSt}$$

Will man einen kombinierten Steuersatz $s^{ESt/KiSt}$ ermitteln[88], so kann nach einigen mathematischen Umformungen geschrieben werden:

(51) $$s^{ESt/KiSt} = \frac{s^{ESt} \cdot \left(1 + s^{KiSt}\right)}{1 + s^{KiSt} \cdot s^{ESt}}$$

---

[88] Bei $ESt + KiSt = E \cdot s^{ESt/KSt}$ bzw. für die weitere Verwendung $ESt + KiSt = ZVE \cdot s^{ESt/KSt}$

Beispiel
Im Plafond der Einkommensteuer (Grenzsteuersatz = 48,5%) und einer Kirchensteuer von 9% kann so ein kombinierten Steuersatz ermittelt werden von

$$s^{ESt/KiSt} = \frac{0{,}485 \cdot (1 + 0{,}09)}{1 + 0{,}09 \cdot 0{,}485} = 0{,}5065$$

Solidaritätszuschlag
Ferner kann der Solidaritätszuschlag in den kombinierten Steuersatz eingearbeitet werden. Der Solidaritätszuschlag wird als Zuschlag zur Einkommensteuer erhoben, führt jedoch nicht zu einer abzugsfähigen Betriebsausgabe oder zum Sonderausgabenabzug.

(52) $$SolZ = ESt \cdot s^{SolZ}$$

So ergibt sich

(53) $$SolZ = ZVE \cdot s^{ESt} \cdot s^{SolZ}$$

bzw.

(54) $$SolZ = ZVE \cdot s^{ESt} \cdot (1 + s^{SolZ})$$

Auf die Ermittlung eines kombinierten Einkommensteuer-/ Solidaritätszuschlagsatzes soll verzichtet werden. Stattdessen wird ein kombinierter Einkommensteuer-/Kirchensteuer-/Solidaritätszuschlagsatz erarbeitet. Dieser kann aus der Formel (51) abgeleitet werden, in dem in diese der Solidaritätszuschlagsatz integriert wird:

(55) $$s^{ESt/KiSt/SolZ} = \frac{s^{ESt} \cdot (1 + s^{KiSt} + s^{SolZ})}{1 + s^{KiSt} \cdot s^{ESt}},$$

wobei für $s^{ESt/KiSt/SolZ}$ das Symbol s_e^{ESt} eingeführt werden soll.

Beispiel
Bei einem Kirchensteuersatz von 9% und einem Solidaritätszuschlag von 5,5% ergibt sich so

$$s_e^{ESt} = \frac{s^{ESt} \cdot (1 + 0{,}09 + 0{,}055)}{1 + 0{,}09 \cdot s^{ESt}} = \frac{1{,}145 \cdot s^{ESt}}{1 + 0{,}09 \cdot s^{ESt}}.$$

Für den Plafond der Einkommensteuer ($s^{ESt} = 0{,}485$) ergibt sich somit

$$s_e^{ESt} = \frac{1{,}145 \cdot s^{ESt}}{1 + 0{,}09 \cdot s^{ESt}} = 0{,}5321$$

Der so ermittelte kombinierte Steuersatz s_e^{ESt} kann in die Belastungsrechnungen bei der Finanzierung durch Leasing eingearbeitet werden. Ferner ist ein Einsetzen in die Belastungsrechnungen bei der Finanzierung durch Kreditkauf mit Ratentilgung bzw. mit Annuitätentilgung möglich.

5.3.4 Körperschaftsteuer

Soll der Körperschaftsteuersatz s^{KSt} berechnet werden, ist zu beachten, dass mit Wirkung ab dem Veranlagungszeitraum 2001 das seit 1977 geltende Anrechnungsverfahren abgeschafft und durch ein klassisches Körperschaftsteuersystem mit Definitivbesteuerung ersetzt worden ist. Nach dem bisher geltenden Anrechnungsverfahren unterlagen die ausgeschütteten Gewinnanteile bei der ausschüttenden Gesellschaft einer Körperschaftsteuer von 30%, thesaurierte Gewinnanteile wurden jedoch mit 40% besteuert. Der Anteilseigner erhielt in Höhe der Körperschaftsteuer, die auf die ausgeschütteten Gewinne entfiel, eine Steuergutschrift, die er auf seine persönliche Steuerschuld anrechnen konnte.

Dieses Körperschaftsteuer-Anrechnungsverfahren ist mit Wirkung ab dem Veranlagungszeitraum 2001 gemäß §§ 23 Abs. 1, 34 Abs. 1 KStG durch eine Definitivbelastung von Körperschaften mit einem Normalsteuersatz von 25% ersetzt worden.

Körperschaftsteuer ab 2001:

(56) $$KSt = s^{KSt} \cdot ZVE^{KSt}$$

bzw. $$KSt = 0{,}25 \cdot ZVE^{KSt}$$

bei:

ZVE^{KSt} = *zu versteuerndes Einkommen i. S. d. KStG*

Bei der Ermittlung des zu versteuernden Einkommens, nach dem die Körperschaftsteuer gemäß § 7 Abs. 1 KStG berechnet wird, stellen die Leasingraten, die evtl. anfallenden Mietverlängerungsraten und die evtl. Auflösung des Rechnungsabgrenzungspostens eine abzugsfähige Betriebsausgabe dar. Ferner vermindern die evtl. zu leistenden Schlusszahlungen bei einem Teilamortisationsvertrag als Betriebsausgaben, Mehrerlösbeteiligungen erhöhen hingegen als Betriebseinnahmen das zu versteuernde Einkommen. Aufgrund der Abzugsfähigkeit der Gewerbesteuer bei der Ermittlung des zu versteuernden Einkommens für die Körperschaftsteuer sind auch die Veränderungen der Gewerbesteuer zu berücksichtigen.

Eine analoge Vorschrift des § 35 EStG, d.h. eine pauschalierte Anrechnung der Gewerbesteuerbelastung, existiert bei der Ermittlung der Körperschaftsteuer nicht.

Bei Abschluss eines erlasskonformen **Leasingvertrages** wirken sich die Veränderungen des zu versteuernden Einkommens auf die zu zahlende Körperschaftsteuer aus, so dass geschrieben werden kann:

(57) $$\Delta KSt_t^L = -s^{KSt} \cdot \begin{pmatrix} l_t^G + l_t^V - V_{n_G/n_V}^L + Z_{n_G/n_V}^L \\ + \Delta GewSt_t^L \end{pmatrix}$$

bei $t = 1,2,\ldots,n_V$.

Beispiel
Wird ein Leasingvertrag (Vollamortisationsvertrag ohne Kauf- bzw. Mietverlängerungsoption) abgeschlossen und beträgt die Leasingrate 24.716 € p.a., ergibt sich eine Gewerbesteuereinsparung aus diesem Vertrag i. H. v. 4.120 € p.a. (bei einem Hebesatz von 400%).

ΔKSt_t^L errechnet sich aus:

$$\Delta KSt_t^L = 0{,}25 \cdot (24.716 - 4.120)$$

$$\Delta KSt_t^L = 5.149$$

d.h. durch die Leasingrate ergibt sich eine Körperschaftsteuer-Einsparung i.H.v. 5.149 € p.a.

Während bei der Ermittlung des Gewerbeertrages als Bemessungsgrundlage für die Gewerbesteuer die Zinsen für die Darlehensaufnahme nur in Höhe von 50% abzugsfähig waren, sind diese bei der Ermittlung des zu versteuernden Einkommens für die Körperschaftsteuer voll abzugsfähig. Gleichfalls abzugsfähig sind – wie bereits unter Punkt 2.3.2 ausgeführt – die AfA und die Gewerbesteuer als Betriebsausgabe. Der Veräußerungserlös aus der Veräußerung des Objektes ist zum Zeitpunkt der Veräußerung als Betriebseinnahme zu erfassen.

Für den **Kreditkauf mit Ratentilgung** kann daher geschrieben werden:[89]

[89] Bei einer Einmaltilgung gilt wiederum:

$$\Delta KSt_t^{KR} = -s^{KSt} \cdot \left(AfA_t + i \cdot A_0 - \left[V_{n_B}^K - \left(A_0 - \sum_{t=1}^{n_B} \{AfA_t\} \right) \right] + \Delta GewSt_t^{KR} \right)$$

$$(58)\qquad \Delta KSt_t^{KR} = -s^{KSt} \cdot \left(\begin{array}{l} AfA_t + i \cdot \left[A_0 - (t-1) \cdot \frac{A_0}{n_K} \right] \\ - \left[V_{n_B}^K - \left(A_0 - \sum_{t=1}^{n_B} \{ AfA_t \} \right) \right] \\ + \Delta GewSt_t^{KR} \end{array} \right)$$

bei $t = 1,2,...,n_B$.

Beispiel

Es soll eine neue Maschine angeschafft werden. Die Anschaffungskosten betragen 100.000 €. Die betriebsgewöhnliche Nutzungsdauer beträgt 5 Jahre, die jährliche Abschreibung somit 20% der ursprünglichen Anschaffungskosten, d.h. 20.000 € p.a.

Die Finanzierung soll durch die Aufnahme eines Ratenkredites erfolgen. Die Kreditlaufzeit beträgt 5 Jahre, der Zinssatz 7,5% p.a. Es sind jährlich nachträgliche Zins- und Tilgungsverrechnungen vereinbart.

Nach fünf Jahren wird die Maschine zu einem Preis von 7.500 € veräußert. Der Körperschaftsteuersatz beträgt 25%. Die Höhe der Körperschaftsteuerent- bzw. –belastung kann ermittelt werden als:

Jahr	AfA	Zinsen	$\Delta GewSt_t^{KR}$	Zwischensumme	s^{KSt}	ΔKSt_t^{KR}
01	20.000	7.500	-3.959	23.541	-0,25	= - 5.885
02	20.000	6.000	-3.834	22.166	-0,25	= - 5.542
03	20.000	4.500	-3.709	20.791	-0,25	= - 5.198
04	20.000	3.000	-3.584	19.416	-0,25	= - 4.854
05	20.000	1.500				
sowie Veräußerungsgewinn		-7.500[90]	-2.209	11.791	-0,25	= - 2.948

[90] 7.500 – (100.000 – (5 · 20.000)) = 7.500

Bei einem **Kreditkauf mit Annuitätentilgung** gilt:

$$\text{(59)} \qquad \Delta KSt_t^{KA} = -s^{KSt} \cdot \left(\begin{array}{l} AfA_t + i \cdot \left[A_0 - T_1 \cdot \frac{q^{t-1} - 1}{q - 1} \right] \\ - \left[V_{n_B}^K - \left(A_0 - \sum_{t=1}^{n_B} \{ AfA_t \} \right) \right] \\ + \Delta GewSt_t^{KA} \end{array} \right)$$

bei $t = 1,2,...,n_B$.

Beispiel
In Anlehnung an das vorangegangene Beispiel soll die Investition durch ein Darlehen mit Annuitätentilgung finanziert werden.

Jahr	AfA	Zinsen	$\Delta GewSt_t^{KR}$	Zwischen-summe	s^{KSt}		ΔKSt_t^{KR}
01	20.000	7.500	-3.959	23.541	-0,25	=	- 5.885
02	20.000	6.208	-3.851	22.357	-0,25	=	- 5.589
03	20.000	4.820	-3.736	21.084	-0,25	=	- 5.271
04	20.000	3.328	-3.611	19.717	-0,25	=	- 4.929
05	20.000	1.724					
sowie Veräu-ßerungsgewinn		-7.500[91]	-2.227	11.997	-0,25	=	- 2.999

Einbeziehung des Solidaritätszuschlages
Auch bei Steuerpflichtigen, die der Körperschaftsteuer unterliegen, wird ein Solidaritätszuschlag erhoben. Daher kann auch hier ein kombinierter Steuersatz ermittelt werden.

Die Körperschaftsteuer ermittelt sich, wie oben beschrieben, als:

$$\text{(60)} \qquad KSt = ZVE^{KSt} \cdot s^{KSt}.$$

[91] 7.500 – (100.000 – (5 · 20.000) = 7.500

Der Solidaritätszuschlag wird als Zuschlag zur Körperschaftsteuer erhoben, d.h.:

$$(61) \qquad SolZ = KSt \cdot s^{SolZ} \; .$$

Durch Ersetzen des Wertes von KSt aus der Gleichung (60) ergibt sich:

$$(62) \qquad SolZ = ZVE^{KSt} \cdot s^{KSt} \cdot s^{SolZ} \; .$$

Durch Definition:

$$(63) \qquad KSt + SolZ = ZVE^{KSt} \cdot s_e^{KSt}$$

und Einsetzen der Gleichungen (60) und (62) in die Gleichung (63) ergibt sich:

$$(64) \qquad ZEV^{KSt} \cdot s^{KSt} + ZEV^{KSt} \cdot s^{KSt} \cdot s^{SolZ} = ZEV^{KSt} \cdot s_e^{KSt}$$

und nach Umformung:

$$(65) \qquad s_e^{KSt} = s^{KSt} \cdot \left(1 + s^{SolZ}\right)$$

$$\text{bzw.} \quad s_e^{KSt} = 0{,}25 \cdot (1 + 0{,}055) = 0{,}2638$$

Dieser kombinierte Steuersatz gilt sowohl für die Belastungsrechnung bei der Finanzierung durch **Leasing** als auch bei der Finanzierung durch **Kreditkauf mit Ratentilgung** bzw. **mit Annuitätentilgung**.

5.3.5 Umsatzsteuer

Die in den Leasingraten bzw. in den Anschaffungs-/ Herstellungskosten enthaltene Umsatzsteuer kann regelmäßig als Vorsteuer abgezogen werden. Es handelt sich dabei um einen „durchlaufenden Posten".

Aber auch bei einem nicht zum Vorsteuerabzug berechtigten Leasingnehmer bzw. Kreditkäufer ergeben sich für die Umsatzsteuer keine unterschiedlichen Belastungen durch die Wahl der Finanzierungsalternative.[92]

Wenn jedoch feststeht, das eine einzelne Steuerart die Ergebnisse der Steuerbelastungsvergleiche nicht beeinflusst, dann braucht diese in der Gesamtbelastungsrechnung auch nicht berücksichtigt werden. Aus diesem Grund wird auf die Umsatzsteuer im Folgenden nicht eingegangen.

5.3.6 Steuerliche Korrektur des Kalkulationszinsfußes

Eine der Prämissen der Kapitalwertmethode war, dass Einzahlungsüberschüsse bzw. Auszahlungsüberschüsse zum Kalkulationszinsfuß angelegt bzw. aufgenommen werden können.[93] Die daraus resultierenden Zinserträge bzw. –aufwendungen beeinflussen jedoch das zu versteuernde Ergebnis, so dass der Kalkulationszinsfuß steuerlich zu korrigieren ist.

In der Literatur herrscht keine Einigkeit über Art und Umfang der Veränderung des Kalkulationszinsfußes um die steuerlichen Einflüsse. Teilweise wird sogar in Vorteilsvergleichsrechnungen kein steuerlich korrigierter Kalkulationszinsfuß angesetzt.

Hier wird die Auffassung vertreten, dass aufgrund der Berücksichtigung der Ertragsteuern in den Zahlungsreihen der Finanzierungsalternativen auch der Kalkulationszinsfuß um den Steuereinfluss korri-

[92] Vgl. Kapitel 2.3.5
[93] Vgl. Gliederungspunkt 5.1

giert werden muss. Zum einen sind die Finanzierungskosten als Betriebsausgaben abzugsfähig, zum anderen unterliegen die Einnahmen aus der verzinslichen Anlage von Überschüssen sowohl der Einkommen-/Körperschaftsteuer als auch der Gewerbesteuer. Somit vermindert sich der Kalkulationszinsfuß i durch die Steuerbelastung s^{ESt}, s^{KSt} und s^{Gew}. Ferner muss die Abzugsfähigkeit der Gewerbesteuer als Betriebsausgabe bei der Ermittlung des zu versteuernden Einkommens für die Berechnung der Einkommen-/ Körperschaftsteuer berücksichtigt werden. Bei der Berechnung des Gewerbesteuersatzes s^{Gew} wurde die eigene Abzugsfähigkeit der Gewerbesteuer bereits *(vgl. die Kapitel über die Gewerbesteuer oben)* eingerechnet.

Rechnet man bei den der Einkommensteuer unterliegenden Steuerpflichtigen mit dem kombinierten Steuersatz s_e^{ESt}, so müssen die Steuerwirkungen im Kalkulationszinsfuß i_s berücksichtigt werden als

(66) $$i_s = i \cdot \left(1 - s_e^{ESt} - \left(s^{Gew} - \left(s^{Gew} \cdot s_e^{ESt}\right)\right)\right).$$

Wird der Solidaritätszuschlag im kombinierten Steuersatz s_e^{KSt} berücksichtigt, so lässt sich der Kalkulationszinssatz nach Steuern i_s anhand folgender Gleichung berechnen:

(67) $$i_s = i \cdot \left(1 - s_e^{KSt} - \left(s^{Gew} - \left(s^{Gew} \cdot s_e^{KSt}\right)\right)\right).$$

Daher verändert sich der Abzinsungsfaktor aus der Gleichung

(7) $$q^{-n} = (1 + i)^{-n}$$

in:

(68) $$q_s^{-n} = (1 + i_s)^{-n}$$

oder:

$$(69) \qquad q_s^{-n} = 1 + i \cdot \left(1 - s_e^{ESt} - \left(s^{Gew} - \left(s^{Gew} \cdot s_e^{ESt}\right)\right)\right)^{-n}$$

$$(70) \qquad \text{bzw. } q_s^{-n} = 1 + i \cdot \left(1 - s_e^{KSt} - \left(s^{Gew} - \left(s^{Gew} \cdot s_e^{KSt}\right)\right)\right)^{-n}$$

5.3.7 Einarbeitung in die Kapitalwertformel

Die so ermittelten Steuermehr- bzw. –minderbelastungen sind in die unter Punkt 5.2 erarbeiteten Kapitalwertformeln einzusetzen. Dadurch erhält man für erlasskonforme **Leasingverträge** den Kapitalwert nach Steuern C_S^L

- bei Einkommensteuerpflichtigen:

$$(71) \qquad C_S^L = \sum_{t=1}^{n_G} \left\{ l_t^G \cdot q_s^{-t} \right\} + \sum_{t=n_G+1}^{n_V} \left\{ l_t^V \cdot q_s^{-t} \right\}$$
$$- V_{n_G}^L \cdot q_s^{-n_G} - V_{n_V}^L \cdot q_s^{-n_V}$$
$$+ Z_{n_G}^L \cdot q_s^{-n_G} + Z_{n_V}^L \cdot q_s^{-n_V}$$
$$+ \sum_{t=1}^{n_V} \left\{ \Delta GewSt_t^L + \Delta ESt / KiSt / SolZ_t^L \right\} \cdot q_s^{-t}$$

- bei Körperschaftsteuerpflichtigen:

$$(72) \qquad C_S^L = \sum_{t=1}^{n_G} \left\{ l_t^G \cdot q_s^{-t} \right\} + \sum_{t=n_G+1}^{n_V} \left\{ l_t^V \cdot q_s^{-t} \right\}$$
$$- V_{n_G}^L \cdot q_s^{-n_G} - V_{n_V}^L \cdot q_s^{-n_V}$$
$$+ Z_{n_G}^L \cdot q_s^{-n_G} + Z_{n_V}^L \cdot q_s^{-n_V}$$
$$+ \sum_{t=1}^{n_V} \left\{ \Delta GewSt_t^L + \Delta KSt / SolZ_t^L \right\} \cdot q_s^{-t}$$

Für den Kapitalwert nach Steuern C_S^{KR} eines **Kreditkaufes mit Ratentilgung** gilt:

- bei Einkommensteuerpflichtigen:

$$(73) \qquad C_S^{KR} = \sum_{t=1}^{n_K}\left\{\frac{A_0}{n_K}\cdot q_s^{-t}\right\}+\sum_{t=1}^{n_K}\left\{\left[A_0-(t-1)\cdot\frac{A_0}{n_K}\right]\cdot i\cdot q_s^{-t}\right\} - V_{n_B}^{K}\cdot q_s^{-n_B} + \sum_{t=1}^{n_K}\left\{\Delta GewSt_t^{KR}+\Delta ESt/KiSt/SolZ_t^{KR}\right\}\cdot q_s^{-t}$$

- bei Körperschaftsteuerpflichtigen:

$$(74) \qquad C_S^{KR} = \sum_{t=1}^{n_K}\left\{\frac{A_0}{n_K}\cdot q_s^{-t}\right\}+\sum_{t=1}^{n_K}\left\{\left[A_0-(t-1)\cdot\frac{A_0}{n_K}\right]\cdot i\cdot q_s^{-t}\right\} - V_{n_B}^{K}\cdot q_s^{-n_B} + \sum_{t=1}^{n_K}\left\{\Delta GewSt_t^{KR}+\Delta KSt/SolZ_t^{KR}\right\}\cdot q_s^{-t}$$

Bei einem **Kredit mit Einmaltilgung** ändert sich der Kapitalwert in:

- bei Einkommensteuerpflichtigen:

$$(75) \qquad C_S^{KR} = A_0\cdot q_s^{-t}+\sum_{t=1}^{n_K}\left\{A_0\cdot i\cdot q_s^{-t}\right\} - V_{n_B}^{K}\cdot q_s^{-n_B} + \sum_{t=1}^{n_K}\left\{\Delta GewSt_t^{KR}+\Delta ESt/KiSt/SolZ_t^{KR}\right\}\cdot q_s^{-t}$$

- bei Körperschaftsteuerpflichtigen:

(76) $$C_S^{KR} = A_0 \cdot q_s^{-t} + \sum_{t=1}^{n_K} \left\{ A_0 \cdot i \cdot q_s^{-t} \right\} - V_{n_B}^K \cdot q_s^{-n_B} + \sum_{t=1}^{n_K} \left\{ \Delta GewSt_t^{KR} + \Delta KSt / SolZ_t^{KR} \right\} \cdot q_s^{-t}$$

bzw. für einen **Kreditkauf mit Annuitätentilgung** in:

- bei Einkommensteuerpflichtigen:

(77) $$C_S^{KA} = \sum_{t=1}^{n_K} \left\{ T_1 \cdot q_s^{t-1} + \left(A_0 - T_1 \cdot \frac{q^{k-1}-1}{q-1} \right) \cdot i \right\} \cdot q_s^{-t} - V_{n_B}^K \cdot q_s^{-n_B} + \sum_{t=1}^{n_K} \left\{ \Delta GewSt_t^{KA} + \Delta ESt / KiSt / SolZ_t^{KA} \right\} \cdot q_s^{-t}$$

- bei Körperschaftsteuerpflichtigen:

(78) $$C_S^{KA} = \sum_{t=1}^{n_K} \left\{ T_1 \cdot q_s^{t-1} + \left(A_0 - T_1 \cdot \frac{q^{k-1}-1}{q-1} \right) \cdot i \right\} \cdot q_s^{-t} - V_{n_B}^K \cdot q_s^{-n_B} + \sum_{t=1}^{n_K} \left\{ \Delta GewSt_t^{KA} + \Delta KSt / SolZ_t^{KA} \right\} \cdot q_s^{-t}$$

Führt dagegen die Prüfung der Zurechnung des wirtschaftlichen Eigentums zu einer Zurechnung des Leasingobjektes zum Leasingnehmer, so ist die Kapitalwertformel zu modifizieren. Steuerlich liegt in diesem Fall ein Abzahlungs- bzw. Kreditkauf vor. Die tatsächlichen Ein- und Auszahlungen orientieren sich jedoch an den leasingvertraglichen Regelungen.

6 Vorteilhaftigkeitsvergleiche bei Privatvermögen

Befindet sich der Steuerpflichtige bspw. mit seinem zu versteuernden Einkommen im sog. Plafond, d.h. in der oberen Proportionalzone des Einkommensteuer-Tarifes, so wird jeder Einkommenszuwachs gleichbleibend mit 48,5% besteuert.

Leasingraten und Sonderzahlungen im Jahr der Zahlung stellen unter bestimmten Voraussetzungen bei der Ermittlung des zu versteuernden Einkommens abzugsfähige Werbungskosten dar. Gleiches gilt für evtl. anfallende Mietverlängerungsraten sowie die evtl. zu leistende Schlusszahlung bei einem Teilamortisationsvertrag. Evtl. Mehrerlösbeteiligungen sind als negative Werbungskosten zu erfassen.

Im Folgenden wird direkt mit dem kombinierten Steuersatz $s^{ESt/KiSt/SolZ}$ gerechnet, für den auch hier das Symbol s_e^{ESt} verwendet werden soll.

Wird ein Leasingvertrag als Finanzierungsalternative gewählt, so führt dies zu einer Veränderung des zu versteuernden Einkommens und der zu zahlenden Einkommensteuer:

(79) $$\Delta ESt/KiSt/SolZ_t^L = -s_e^{ESt} \cdot \left(l_t^G + l_t^V - V_{n_G/n_V}^L + Z_{n_G/n_V}^L\right)$$
bei $t = 1,2,...,n_V$

Beispiel
Der Steuerpflichtige least ein Wirtschaftsgut, welches er ausschließlich zur Erzielung von Einkünften aus Vermietung und Verpachtung verwendet.[94] Die jährliche Leasingrate beträgt 1.200 €, zu Beginn des Leasingvertrages ist eine einmalige Sonderzahlung i.H.v. 600 € zu leisten.

[94] Hierbei handelt es sich jedoch nicht um eine Immobilie!

Für das erste Jahr gilt

$$\Delta ESt / KiSt / SolZ_t^L = -s_e^{ESt} \cdot (600 + 1.200)$$

für die Folgejahre jeweils

$$\Delta ESt / KiSt / SolZ_t^L = -s_e^{ESt} \cdot (1.200).$$

Gewerbesteuer fällt bei diesen Steuerpflichtigen nicht an. Auch findet § 35 EStG hier keine Anwendung.

Wird das Wirtschaftsgut kreditfinanziert, sind bei der Ermittlung des zu versteuernden Einkommens für die Einkommensteuer die Zinsaufwendungen voll abzugsfähig. Gleichfalls abzugsfähig sind die AfA. Dagegen ist ein evtl. Veräußerungserlös aus der Veräußerung des Objektes zum Zeitpunkt der Veräußerung am Ende der wirtschaftlichen Nutzungsdauer n_B nicht als Einnahme zu erfassen, da die Veräußerung der privaten Vermögensebene zuzurechnen ist.[95]

Für den **Kreditkauf mit Ratentilgung** kann daher geschrieben werden:[96]

$$\Delta ESt / KiSt / SolZ_t^{KR} = -s_e^{ESt} \cdot \left(\begin{array}{l} AfA_t + \\ i \cdot \left[A_0 - (t-1) \cdot \dfrac{A_0}{n_K} \right] \end{array} \right) \quad (80)$$

bei $t = 1,2,\ldots,n_B$

[95] Auf die Ausnahme des § 23 EStG soll hier nicht eingegangen werden.

[96] Bei einer Einmaltilgung gilt wiederum: $\Delta ESt / KiSt / SolZ_t^{KR} = -s^{ESt} \cdot (AfA_t + i \cdot A_0)$

Bei einem **Kreditkauf mit Annuitätentilgungen**:

(81) $$\Delta ESt / KiSt / SolZ_t^{KA} = -s_e^{ESt} \cdot \left(AfA_t + i \cdot \left[A_0 - T_1 \cdot \frac{q^{t-1} - 1}{q - 1} \right] \right)$$

bei $t = 1,2,\ldots,n_B$.

Beispiel
Das im vorherigen Beispiel genannte Wirtschaftsgut soll 3.000 € kosten. Die betriebsgewöhnliche Nutzungsdauer beträgt 4 Jahre, d.h. die Abschreibungen betragen 750 € p.a. Zur Finanzierung nimmt der Steuerpflichtige ein Darlehen auf, für das im ersten Jahr 240 € an Zinsen zu zahlen sind. Im ersten Jahr gilt dann

$$\Delta ESt / KiSt / SolZ_t^{KA} = -s_e^{ESt} \cdot (750 + 240)$$

Wird das Wirtschaftsgut nach fünf Jahren für 500 € veräußert, ist der Veräußerungserlös nicht als Einnahme zu erfassen.

Bei einem Kirchensteuersatz von 9% und einem Solidaritätszuschlag von 5,5% ergibt sich dann

(82) $$s_e^{ESt} = \frac{s^{ESt} \cdot (1 + 0{,}09 + 0{,}055)}{1 + 0{,}09 \cdot s^{ESt}} = \frac{1{,}145 \cdot s^{ESt}}{1 + 0{,}09 \cdot s^{ESt}}.$$

Für den Plafond der Einkommensteuer ($s^{ESt} = 0{,}485$) ergibt sich somit

(83) $$s_e^{ESt} = \frac{1{,}145 \cdot s^{ESt}}{1 + 0{,}09 \cdot s^{ESt}} = 0{,}5321.$$

Beispiel
In Anlehnung an die vorangegangenen Beispiele betragen dann

$$\Delta ESt\,/\,KiSt\,/\,SolZ_t^{L} = -\,0{,}5321\cdot(600+1.200) = 958\,€$$

bzw. $$\Delta ESt\,/\,KiSt\,/\,SolZ_t^{KR} = -\,0{,}5321\cdot(750+240) = 527\,€$$

Voraussetzung für den Vorteilsvergleich im Privatvermögen ist jedoch, dass es sich bei den Leasingraten bzw. Zinsaufwendungen und Abschreibungen um abzugsfähige Werbungskosten handelt. Sind diese Zahlungen bzw. Aufwendungen steuerlich nicht zu berücksichtigen, stellt sich die Frage der steuerlichen Vorteilhaftigkeit nicht.

7 Allgemeingültige Aussagen über die Vorteilhaftigkeit möglich?

Aus den bisherigen Ausführungen lässt sich erkennen, wie individuell die Faktoren sind, die den Unternehmensgewinn, die daraus resultierenden steuerlichen Auswirkungen und somit den Barwert als Entscheidungsgröße bestimmen. Wichtige Faktoren sind – getrennt nach Leasing und Kreditkauf - in folgender Abbildung zusammengefasst:

Leasing	Kreditkauf
• Höhe der Leasingraten während der Grundmietzeit • Höhe der Sonderzahlung • Höhe der Leasingraten während der Mietverlängerungszeit • Art und Höhe der Mehrerlösbeteiligung am Ende der Vertragslaufzeit • Art und Höhe der Abschlusszahlung am Ende der Vertragslaufzeit • Höhe der evtl. anfallenden Rückführungskosten • Höhe der ggf. weitergeleiteten Investitionszulage • Höhe der Ermäßigung nach § 35 EStG bei Einkünften aus Gewerbebetrieb	• Höhe der Zinsen • Art der Tilgung • Art und Höhe der Abschreibungen • Auflösung eines evtl. gebildeten Rechnungsabgrenzungspostens für eine Disagiozahlung • Veräußerungserlös am Ende der wirtschaftlichen Nutzungsdauer • Höhe des gewerbesteuerlichen Hebesatzes aufgrund der hälftigen Zurechnung der Dauerschuldzinsen • Höhe einer evtl. Investitionszulage • Höhe der Ermäßigung nach § 35 EStG bei Einkünften aus Gewerbebetrieb

Abbildung 28: „Zusammenstellung der steuerlichen Einflussfaktoren"

Die hier aufgeführten Faktoren sind zu vielschichtig, um eine allgemeingültige Aussage über die Vorteilhaftigkeit der einen oder anderen Finanzierungsalternative treffen zu können. Beispielhaft seien nur die Mehrbelastung der Kreditfinanzierung durch die hälftige Zurechnung der Dauerschuldzinsen und eine mögliche Kompensation dieses Nachteils durch die Wahl der Abschreibungsmethode genannt.

Somit kann eine allgemeingültige Aussage über die Vorzugswürdigkeit einer der beiden Finanzierungsalternativen aus steuerlicher Sicht nicht getroffen werden, auch wenn dies teilweise in der Literatur und Praxis versucht wird.

Für jeden Einzelfall ist eine genaue Detailanalyse unumgänglich, um die Entscheidungsrelevanz der Steuerwirkungen bestimmen zu können.

Bei der Frage nach der Finanzierungsform **Leasing** oder **Kreditkauf** dürfen jedoch nicht nur die Ein- bzw. Auszahlungen sowie die Steuerwirkungen berücksichtigt werden.

Wie bereits erwähnt, sind bei der Frage der Vorzugswürdigkeit von Leasing oder Kreditkauf eine Vielzahl von quantitativen und qualitativen Faktoren zu berücksichtigen. Wenn im Folgenden weitere Faktoren genannt werden, so erfolgt dies ohne Anspruch auf Vollständigkeit.

Bei der Wahl der Finanzierung müssen neben den Steuerwirkungen noch berücksichtigt werden:

- Anschaffungskosten

Möglicherweise lassen sich durch die Einschaltung eines Leasinggebers die Anschaffungskosten reduzieren. Dieses Kostensenkungspotential kann vielfältige Gründe haben:

Beispiel

- Leasinggesellschaften erreichen als Großabnehmer bessere Einkaufskonditionen;
- Leasinggesellschaften haben eine bessere Marktübersicht aufgrund der häufigeren Beschaffung von Objekten

Verringert sich der Kaufpreis, so müssen durch die Leasingraten geringere Anschaffungskosten amortisiert werden. Sowohl der Tilgungsanteil als auch der Zinsanteil wird geringer, im Ergebnis errechnet sich eine geringere Leasingrate bzw. Belastung des Leasingnehmers.

Verhandelt jedoch der Leasingnehmer mit dem Lieferanten und tritt der Leasinggeber nur in die Bestellung des späteren Leasingnehmers ein, stellt der Leasinggeber also nur die Finanzierung, so ergeben sich bei der Leasingalternative die gleichen Anschaffungskosten wie bei einer Kreditfinanzierung.

- Finanzierungskosten

Häufig wird argumentiert, Leasinggeber können als bonitätsmäßig stärkere Kreditnehmer günstigere Refinanzierungszinssätze verhandeln als der einzelne Kreditkäufer. Dies wird mit der professionelleren Kreditverhandlung und der verbesserten Stellung eines Leasinggebers im Insolvenzfall des Leasingnehmers begründet[97].

In der Praxis wird dieses Argument häufig überbewertet, da sich auch Leasinggeber bei der Konditionsgestaltung an der Bonität des Leasingnehmers orientieren und sich diese in der Leasingrate wiederspiegelt. Bei herstellerabhängigen Leasinggebern mag jedoch eine Verkaufsförderung in Form von Subventionen des in den Leasingraten enthaltenen Zinssatzes vorkommen. Doch werden meist solche Subventionen auch in Form des Abzahlungskaufes dem Kreditkäufer angeboten.

Auch sind konditionelle Nachteile denkbar. Wenn bspw. die Leasingverträge im standardisierten Massengeschäft von der Leasinggesellschaft abgewickelt werden, ermöglicht dies häufig einem bonitätsmäßig starken Leasingnehmer keine Möglichkeit, eine individuelle Konditionsgestaltung zu vereinbaren.

- Verwertungserlöse

Am Ende des Leasingvertrages muss das Leasingobjekt vom Leasingnehmer an den Leasinggeber zurückgegeben werden. Entgegen der in den Leasingerlassen der Finanzverwaltung immanent enthaltenen Idee, dass der Leasingnehmer immer eine volle Amortisation des

---

[97] Leasinggeber haben im Insolvenzfall des Leasingnehmers ein Aussonderungsrecht, hingegen haben Kreditgeber bei Insolvenz des Kreditnehmers nur ein Absonderungsrecht der sicherungsübereigneten Objekte. Bei einem Aussonderungsrecht kann der Leasinggeber die Objekte selbst verwerten. Dagegen erfolgt bei einem Absonderungsrecht die Verwertung durch den Insolvenzverwalter, was mit zusätzlichen Kosten verbunden ist.

Leasingobjektes sicherzustellen hat, kalkulieren Leasinggeber immer häufiger einen sog. „offenen Restwert" in die Leasingverträge ein. Dies bedeutet, dass erst durch die Verwertung bzw. den Verkauf der Objekte am Ende des Leasingvertrages an einen Dritten die Leasinggesellschaft ihre Anschaffungskosten amortisiert sowie ihren Gewinnanteil erzielt. Durch die Verwertungschance des Leasinggebers verringern sich die Leasingraten, jedoch partizipiert der Leasingnehmer nicht an Verwertungserlösen beim Verkauf des Objektes.

- Vermeidung von weiteren Kreditsicherheiten

Regelmäßig verlangen Leasinggeber für ihr Engagement keine Kreditsicherheiten. Kreditgeber geben sich häufig nicht mit der Sicherungsübereignung der finanzierten Maschinen etc. zufrieden, sondern verlangen weitere Kreditsicherheiten in Form von Bürgschaften, Verpfändungen und Grundschulden etc.

Vorhandene Sicherheiten des Leasingnehmers können für anderweitig bestehende Kreditverbindlichkeiten eingesetzt werden.

- Erhöhung der Kreditspielräume

Leasingverbindlichkeiten werden in der Bilanz des Leasinggebers nicht ausgewiesen, da es sich hierbei um schwebende Geschäfte handelt. In der Gewinn- und Verlustrechnung schlagen sich Leasinggeschäfte regelmäßig in der Position „Sonstige betriebliche Aufwendungen" nieder. Sofern es sich jedoch bei dem Leasingnehmer um eine Kapitalgesellschaft handelt, ist die Bilanz und die Gewinn- und Verlustrechnung um einen Anhang zu erweitern. Nach § 285 Nr. 3 HGB sind Leasingverbindlichkeiten als sonstige finanzielle Verpflichtungen im Anhang anzugeben, wenn sie für die Beurteilung der Finanzlage des Leasingnehmers von Bedeutung sind. Auch wenn dieser Ausweis im Jahresabschluss erfolgt, zeigt die Praxis, dass die kreditgebenden Banken bzw. sonstigen Finanzierungsinstitute diese Angaben eher weniger beachten. Wenn die Leasingverbindlichkeiten bei der Bonitätsbeurteilung überhaupt berücksichtigt werden, so führen sie doch in seltenen Fällen zu einer Einschränkung der Kreditspielräume.

- Bilanzneutralität der Leasingfinanzierung

Der wohl wichtigste Aspekt der Leasingfinanzierung neben den steuerlichen Unterschieden dieser Finanzierungsform ist die Bilanzneutralität. Dies bedeutet, dass weder der Leasinggegenstand noch die Leasingratenverpflichtungen in der Bilanz des Leasingnehmers erfasst sind. Wird das wirtschaftliche Eigentum dem Leasinggeber zugerechnet, so hat dieser das Objekt in seine Bilanz aufzunehmen und abzuschreiben. In der Bilanz des Leasingnehmers findet sich kein Hinweis auf den Leasingvertrag, nur die Leasingraten werden in der Gewinn- und Verlustrechnung des Leasingnehmers als Aufwand erfasst. Ggf. ist eine Anhangangabe nach § 285 HGB notwendig.

Die Gründe für die „Off-Balance-Sheet"-Finanzierung können vielfältig sein. Häufig sollen so bestimmte Bilanzkennziffern/Bilanzrelationen erreicht werden.

- Verringerung des Verwaltungsaufwandes

Häufig bieten Leasinggeber ihren Kunden neben der reinen Finanzierungsfunktion auch weitere Dienstleistungen, sog. „Full-Service-Leasing", an. Dieses wurde bewusst in der Vergleichsrechnung außer Acht gelassen. Bei einem Finanzierungsvergleich, der über den steuerlichen Vorteilsvergleich hinausgeht, ist diese Komponente jedoch zu beachten.

- Verringerung des Investitions- und Überalterungsrisikos

Wird Leasing nicht als Finanzierungsalternative zum Kreditkauf sondern als Vermietung von Objekten betrachtet, können Leasinggeber Vertragsmodelle anbieten, die eine flexible Mietzeitgestaltung mit kurzfristigen Kündigungsmöglichkeiten beinhalten. So muss bspw. die Vollamortisation, ggf. durch Ausgleichszahlungen, nicht durch den Leasingnehmer vorgesehen sein, sondern der Leasinggeber kalkuliert die Amortisation seiner Anschaffungskosten erst über die Verwertung der Objekte an einen Dritten in sein Vertragsangebot ein.

- Flexiblere Aufwandsverteilung

Während die steuerlichen Abschreibungsregeln nur die lineare oder degressive Methode mit festen Prozentsätzen kennen, können bei der Leasingratengestaltung die individuellen Kundenwünsche berücksichtigt werden. Dies können neben über die Höhe der möglichen degressiven Abschreibung hinausgehende auch progressiv ansteigende Leasingraten sein.

- Abwälzung des Verwertungsrisikos

Findet während der Grundmietzeit bzw. im Anschluss durch den Leasingnehmer keine volle Amortisation der Anschaffungskosten des Leasinggebers statt, so muss der Leasinggeber das Objekt weiterverwerten, um diese Amortisation zu erhalten. Er trägt das Risiko, dass das Objekt nicht den kalkulierten bzw. erwarteten Verwertungserlös erzielt. Gleichzeit hat er aber die Wertsteigerungschance, Mehrerlöse aus der Verwertung stehen ihm in vollem Umfang zu.

Als Schlussfolgerung kann festgestellt werden, dass eine generell gültige Aussage über die Vorteilhaftigkeit der Finanzierungsalternative Leasing im Vergleich zur Finanzierungsalternative Kreditkauf bzw. umgekehrt aus steuerlicher bzw. betriebswirtschaftlicher Sicht nicht möglich ist.

8 Ein Praxisfall: Die Fritz Klotz GmbH

In einem abschließenden Beispiel soll es um die Investition sowie um die Finanzierung eines Heißluftballons gehen.

Die Fritz Klotz GmbH mit Sitz in Köln möchte in einen neuen Heißluftballon für Werbezwecke investieren. Das Investitionsvorhaben ist beschlossen, nur über die Art der Finanzierung herrscht bei der Gesellschaft noch Uneinigkeit. Das Unternehmen weist solide wirtschaftliche Verhältnisse auf, steuerliche Verluste sind in der Vergangenheit nicht erwirtschaftet worden und werden für die Zukunft auch nicht erwartet. Die GmbH ist zum Vorsteuerabzug berechtigt. Der Gewerbesteuer-Hebesatz in Köln für das Jahr 2001 beträgt 450%.

Der Ballon ist bereits ausgewählt, der Verkaufspreis beträgt 122.800 € zuzüglich 16% Umsatzsteuer. Ferner fallen 3.600 € zuzüglich Umsatzsteuer für Fracht an. Die Lieferantenrechnung (einschließlich Fracht) ist fällig und zahlbar am 01.07.2001.

Es liegen zwei Finanzierungsangebote vor, ein Darlehensangebot der Hausbank sowie ein Leasingangebot einer Leasinggesellschaft.

Das Darlehensangebot beinhaltet als Eckdaten:

Darlehensumme:	126.400 €
Tilgungsverrechnung:	Annuitätendarlehen mit monatlich nachschüssiger Zins- und Tilgungsverrechnung
Auszahlung:	zu 100% am 01.07.2001
Laufzeit des Darlehens:	5 Jahre
Zinssatz:	5,83% p.a.
monatliche Annuität:	2.433,69 € p.m. zum Monatsende

Die Leasinggesellschaft bietet an:

Anschaffungswert:	126.400 €
Mietbeginn:	01.07.2001
Grundmietzeit:	54 Monate
Vertragsart:	Teilamortisationsvertrag mit Andienungsrecht
kalkulierter Restwert:	18.960 €
monatliche Leasingrate:	1.93806% des Anschaffungswertes = 2.449,71 € vorschüssige monatliche Zahlung, erstmalig zum 01.07.2001

Der Heißluftballon könnte mit dem Darlehen zu 100% fremdfinanziert werden. Die monatliche Annuität würde 2.433,69 € betragen. Der Ballon soll über die betriebsgewöhnliche Nutzungsdauer von 60 Monaten linear abgeschrieben werden.

Ferner liegt ein Leasingangebot mit einer monatlichen Leasingrate i.H.v. 2.449,71 € vor. Die Fritz Klotz GmbH rechnet – da der Heißluftballon zum Ende der Grundmietzeit aufgrund des Einsatzes nur noch einen geringen Wert haben wird – mit der Andienung des Ballons zum Ende der Leasingzeit. Der schon zum Beginn des Leasingvertrages vereinbarte Andienungspreis wird 18.960 € betragen. Ein weiterer Einsatz wird im Unternehmen für maximal 6 Monate möglich sein.

Die Wahl der Finanzierungsform soll durch eine steuerliche Vergleichsrechnung nach der Kapitalwertmethode getroffen werden. Der Abzinsungssatz vor der steuerlichen Korrektur beträgt 8% p.a.

Vorab sollen die für die Vergleichsrechnung benötigten Steuersätze ermittelt werden. Der Gewerbesteuer-Satz s^{Gew} beträgt

$$\frac{Hebesatz}{2.000 + Hebesatz} = \frac{450}{2.000 + 450} = 0{,}1837 .$$

Der kombinierte Steuersatz für die Körperschaftsteuer und den Solidaritätszuschlag beträgt $s_e^{KSt} = 0{,}25 \cdot (1 + 0{,}055) = 0{,}2638$.

Der Abzinsungssatz ist steuerlich zu korrigieren. $i_s = 0{,}08 \cdot (1 - 0{,}2638 - (0{,}1837 - (0{,}1837 \cdot 0{,}2638))) = 0{,}0481$.

Berechnungsstichtag soll der 01.07.2001 sein.

In dem Vergleich sollen nur Größen berücksichtigt werden, die bei beiden Finanzierungsalternativen in unterschiedlicher Höhe bzw. zeitlicher Struktur anfallen. Umsatzerlöse werden bspw. nicht beachtet.

Für das **Annuitätendarlehen** ergibt sich dann der folgend abgedruckte Zins- und Tilgungsplan:

Zinssatz p.m.	0,4858333%	Ursprungsvaluta	126.400,00
		Annuität p.m.:	2.433,69
Monat	**Zins**	**Tilgung**	**Restvaluta**
Jul. 01	614,09	1.819,60	124.580,40
Aug. 01	605,25	1.828,44	122.751,97
Sep. 01	596,37	1.837,32	120.914,65
Okt. 01	587,44	1.846,25	119.068,40
Nov. 01	578,47	1.855,22	117.213,18
Dez. 01	569,46	1.864,23	115.348,95
Jahressumme	**3.551,09**	**11.051,05**	
Jan. 02	560,40	1.873,29	113.475,67
Feb. 02	551,30	1.882,39	111.593,28
Mrz. 02	542,16	1.891,53	109.701,75
Apr. 02	532,97	1.900,72	107.801,03
Mai 02	523,73	1.909,96	105.891,07
Jun. 02	514,45	1.919,24	103.971,83
Jul. 02	505,13	1.928,56	102.043,27
Aug. 02	495,76	1.937,93	100.105,34
Sep. 02	486,35	1.947,34	98.158,00
Okt. 02	476,88	1.956,81	96.201,19
Nov. 02	467,38	1.966,31	94.234,88
Dez. 02	457,82	1.975,87	92.259,01
Jahressumme	**6.114,34**	**23.089,94**	

Monat	Zins	Tilgung	Restvaluta
Jan. 03	448,23	1.985,46	90.273,55
Feb. 03	438,58	1.995,11	88.278,44
Mrz. 03	428,89	2.004,80	86.273,64
Apr. 03	419,15	2.014,54	84.259,09
Mai 03	409,36	2.024,33	82.234,76
Jun. 03	399,52	2.034,17	80.200,59
Jul. 03	389,64	2.044,05	78.156,54
Aug. 03	379,71	2.053,98	76.102,57
Sep. 03	369,73	2.063,96	74.038,61
Okt. 03	359,70	2.073,99	71.964,62
Nov. 03	349,63	2.084,06	69.880,56
Dez. 03	339,50	2.094,19	67.786,37
Jahressumme	**4.731,64**	**24.472,64**	
Jan. 04	329,33	2.104,36	65.682,01
Feb. 04	319,11	2.114,58	63.567,43
Mrz. 04	308,83	2.124,86	61.442,57
Apr. 04	298,51	2.135,18	59.307,39
Mai 04	288,14	2.145,55	57.161,83
Jun. 04	277,71	2.155,98	55.005,85
Jul. 04	267,24	2.166,45	52.839,40
Aug. 04	256,71	2.176,98	50.662,42
Sep. 04	246,13	2.187,56	48.474,87
Okt. 04	235,51	2.198,18	46.276,68
Nov. 04	224,83	2.208,86	44.067,82
Dez. 04	214,10	2.219,59	41.848,23
Jahressumme	**3.266,13**	**25.938,15**	
Jan. 05	203,31	2.230,38	39.617,85
Feb. 05	192,48	2.241,21	37.376,64
Mrz. 05	181,59	2.252,10	35.124,53
Apr. 05	170,65	2.263,04	32.861,49
Mai 05	159,65	2.274,04	30.587,45
Jun. 05	148,60	2.285,09	28.302,37
Jul. 05	137,50	2.296,19	26.006,18
Aug. 05	126,35	2.307,34	23.698,84
Sep. 05	115,14	2.318,55	21.380,28
Okt. 05	103,87	2.329,82	19.050,47
Nov. 05	92,55	2.341,14	16.709,33
Dez. 05	81,18	2.352,51	14.356,82
Jahressumme	**1.712,87**	**27.491,41**	

Monat	Zins	Tilgung	Restvaluta
Jan. 06	69,75	2.363,94	11.992,88
Feb. 06	58,27	2.375,42	9.617,45
Mrz. 06	46,72	2.386,97	7.230,49
Apr. 06	35,13	2.398,56	4.831,93
Mai 06	23,48	2.410,21	2.421,71
Jun. 06	11,77	2.421,71	0,00
Jahressumme	**245,11**	**14.356,82**	
Gesamtsumme	**19.621,19**	**126.400,00**	

Der Heißluftballon wird linear über fünf Jahre abgeschrieben. Die Abschreibungen für den Zeitraum Juli 2001 bis Juni 2006 betragen:

Jahr	2001	2002	2003
AfA	12.640	25.280	25.280
Jahr	**2004**	**2005**	**2006**
AfA	25.280	25.280	12.640

Ein Verwertungserlös am Ende der Nutzungsdauer wird nicht mehr erwartet.

Bei dem Darlehen handelt es sich gewerbesteuerlich um eine Dauerschuld, so dass die Zinsaufwendungen bei der Ermittlung der gewerbesteuerlichen Bemessungsgrundlage nur zu 50% abgezogen werden können.

Die Gewerbesteuerbelastung bei der Finanzierung durch Kreditkauf beträgt:

	2001	2002	2003	2004	2005	2006
AfA	12.640,00	25.280,00	25.280,00	25.280,00	25.280,00	12.640,00
Zinsen	3.551,09	6.114,34	4.731,64	3.266,13	1.712,87	245,11
davon 50%	1.775,55	3.057,17	2.365,82	1.633,07	856,44	122,55
BMG	**14.415,55**	**28.337,17**	**27.645,82**	**26.913,07**	**26.136,44**	**12.762,55**
Steuersatz	0,1837	0,1837	0,1837	0,1837	0,1837	0,1837
GewSt	**-2.648,14**	**-5.205,54**	**-5.078,54**	**-4.943,93**	**-4.801,26**	**-2.344,48**

Die Körperschaftsteuer-Berechnung kann in folgender Tabelle nachvollzogen werden:

	2001	2002	2003	2004	2005	2006
AfA	12.640,00	25.280,00	25.280,00	25.280,00	25.280,00	12.640,00
Zinsen	3.551,09	6.114,34	4.731,64	3.266,13	1.712,87	245,11
GewSt	-2.648,14	-5.205,54	-5.078,54	-4.943,93	-4.801,26	-2.344,48
BMG	**13.542,96**	**26.188,80**	**4.933,10**	**23.602,20**	**22.191,61**	**10.540,63**
Steuersatz	0,2638	0,2638	0,2638	0,2638	0,2638	0,2638
KSt	**-3.572,63**	**-6.908,61**	**-6.577,35**	**-6.226,26**	**-5.854,15**	**-2.780,62**

Die Änderungen der Gewerbesteuer und der Körperschaftsteuer werden bereits bei den Vorauszahlungen berücksichtigt. Die Vorauszahlungen für die Gewerbesteuer sind jeweils in den Monaten Februar, Mai, August und November fällig, die für die Körperschaftsteuer dagegen im März, Juni, September und Dezember eines jeden Jahres.

Bei der **Leasingfinanzierung** ist vorab zu prüfen, ob das wirtschaftliche Eigentum an dem Heißluftballon dem Leasinggeber oder der Fritz Klotz GmbH als Leasingnehmer zuzurechnen ist. Die unkündbare Grundmietzeit beträgt 54 Monate bzw. 90% der betriebsgewöhnlichen Nutzungsdauer. Ferner liegt ein Andienungsrechtsvertrag vor. Es handelt sich hierbei um einen in den Leasingerlassen geregelten Vertragstyp, bei dem das wirtschaftliche Eigentum dem Leasinggeber zuzurechnen ist.

Zu überlegen wäre, ob es sich bei dem Heißluftballon nicht um Spezialleasing handelt. Hier soll davon ausgegangen werden, dass der Ballon auch von einem anderen Ballonfahrer genutzt werden kann. Die Werbeschriften der Fritz Klotz GmbH sind nur auf die Hülle aufgenäht, so dass sie ohne Aufwand wieder entfernt und durch andere Aufschriften ersetzt werden können.

Zum Ende des 54. Monats wird der Ballon der Fritz Klotz GmbH angedient. Zu diesem Zeitpunkt muss sie den Andienungspreis i.H.v. 18.960 € an den Leasinggeber bezahlen. Dieser soll durch ein Annuitätendarlehen mit einer Laufzeit von sechs Monaten finanziert werden. Hierbei handelt es sich nicht um eine gewerbesteuerliche Dauerschuld, da die Laufzeit des Darlehens unter 12 Monate liegt. Die Verzinsung des Darlehens soll 8% p.a. bei monatlich nachschüssiger Zins- und Tilgungsverrechnung betragen. Es ergibt sich dann eine monatliche Annuität von 3.234,14 €. Für dieses Darlehen kann der Zins- und Tilgungsplan dargestellt werden:

Monat	Zins	Tilgung	Restvaluta
Jan. 06	126,40	3.107,74	15.852,26
Feb. 06	105,68	3.128,46	12.723,80
Mrz. 06	84,83	3.149,31	9.574,49
Apr. 06	63,83	3.170,31	6.404,18
Mai 06	42,69	3.191,45	3.212,73
Jun. 06	21,42	3.212,73	0,00
Gesamtsumme	**444,85**	**18.960,00**	

Auch für die Leasingvariante müssen die Steuerzahlungen ermittelt werden. Für die Gewerbesteuer ergibt sich:

	2001	2002	2003	2004	2005	2006
Leasingrate	14.698,26	29.396,52	29.396,52	29.396,52	29.396,52	
AfA						18.960,00
Zinsen						444,85
BMG	**14.698,26**	**29.396,52**	**29.396,52**	**29.396,52**	**29.396,52**	**19.404,85**
Steuersatz	0,1837	0,1837	0,1837	0,1837	0,1837	0,1837
GewSt	**-2.700,07**	**-5.400,14**	**-5.400,14**	**-5.400,14**	**-5.400,14**	**-3.564,67**

Bzw. für die Körperschaftsteuer:

	2001	2002	2003	2004	2005	2006
Leasingrate	14.698,26	29.396,52	29.396,52	29.396,52	29.396,52	
AfA						18.960,00
Zinsen						444,85
GewSt	-2.700,07	-5.400,14	-5.400,14	-5.400,14	-5.400,14	-3.564,67
BMG	**11.998,19**	**23.996,38**	**23.996,38**	**23.996,38**	**23.996,38**	**15.840,18**
Steuersatz	0,2638	0,2638	0,2638	0,2638	0,2638	0,2638
KSt	**-3.165,12**	**-6.330,24**	**-6.330,24**	**-6.330,24**	**-6.330,24**	**-4.178,64**

Nun müssen aus diesen Daten die Kapitalwerte berechnet werden. Dabei werden die Zahlungsverpflichtungen und die durch die Investition und Finanzierung hervorgerufenen Steueränderungen einheitlich auf den 01.07.2001 abgezinst. Vereinfachend wurde für die Steuerzahlungen das Monatsende als Zahlungstermin gewählt.

Die Leasingraten sind monatlich vorschüssig fällig. Auch dies wurde bei der Abzinsung berücksichtigt.

Für den Kreditkauf kann der Kapitalwert berechnet werden:

lfd. Nr.	Monat	Annuität	GewSt	KSt	Gesamt	Abzinsung
1	Jul. 01	2.433,69			2.433,69	2.423,97
2	Aug. 01	2.433,69	-1.324,07		1.109,62	1.100,78
3	Sep. 01	2.433,69		- 1.786,32	647,37	639,65
4	Okt. 01	2.433,69			2.433,69	2.395,06
5	Nov. 01	2.433,69	-1.324,07		1.109,62	1.087,65
6	Dez. 01	2.433,69		- 1.786,32	647,37	632,02
	Jahres-summe				**8.381,37**	**8.279,13**
7	Jan. 02	2.433,69			2.433,69	2.366,49
8	Feb. 02	2.433,69	-1.301,38		1.132,31	1.096,64
9	Mrz. 02	2.433,69		- 1.727,15	706,54	681,55
10	Apr. 02	2.433,69			2.433,69	2.338,26
11	Mai. 02	2.433,69	-1.301,38		1.132,31	1.083,56
12	Jun. 02	2.433,69		- 1.727,15	706,54	673,42
13	Jul. 02	2.433,69			2.433,69	2.310,36
14	Aug. 02	2.433,69	-1.301,38		1.132,31	1.070,63
15	Sep. 02	2.433,69		- 1.727,15	706,54	665,39
16	Okt. 02	2.433,69			2.433,69	2.282,80
17	Nov. 02	2.433,69	-1.301,38		1.132,31	1.057,86
18	Dez. 02	2.433,69		- 1.727,15	706,54	657,45
	Jahres-summe				**17.090,14**	**16.284,42**

lfd. Nr.	Monat	Annuität	GewSt	KSt	Gesamt	Abzinsung
19	Jan. 03	2.433,69			2.433,69	2.255,57
20	Feb. 03	2.433,69	-1.269,63		1.164,06	1.074,55
21	Mrz. 03	2.433,69		- 1.644,34	789,35	725,75
22	Apr. 03	2.433,69			2.433,69	2.228,66
23	Mai. 03	2.433,69	-1.269,63		1.164,06	1.061,73
24	Jun. 03	2.433,69		- 1.644,34	789,35	717,09
25	Jul. 03	2.433,69			2.433,69	2.202,08
26	Aug. 03	2.433,69	-1.269,63		1.164,06	1.049,07
27	Sep. 03	2.433,69		- 1.644,34	789,35	708,54
28	Okt. 03	2.433,69			2.433,69	2.175,81
29	Nov. 03	2.433,69	-1.269,63		1.164,06	1.036,55
30	Dez. 03	2.433,69		- 1.644,34	789,35	700,09
	Jahres-summe				**17.548,39**	**15.935,49**
31	Jan. 04	2.433,69			2.433,69	2.149,85
32	Feb. 04	2.433,69	-1.235,98		1.197,71	1.053,80
33	Mrz. 04	2.433,69		- 1.556,57	877,12	768,65
34	Apr. 04	2.433,69			2.433,69	2.124,21
35	Mai. 04	2.433,69	-1.235,98		1.197,71	1.041,23
36	Jun. 04	2.433,69		- 1.556,57	877,12	759,48
37	Jul. 04	2.433,69			2.433,69	2.098,87
38	Aug. 04	2.433,69	-1.235,98		1.197,71	1.028,80
39	Sep. 04	2.433,69		- 1.556,57	877,12	750,42
40	Okt. 04	2.433,69			2.433,69	2.073,83
41	Nov. 04	2.433,69	-1.235,98		1.197,71	1.016,53
42	Dez. 04	2.433,69		- 1.556,57	877,12	741,47
	Jahres-summe				**18.034,09**	**15.607,13**
43	Jan. 05	2.433,69			2.433,69	2.049,09
44	Feb. 05	2.433,69	-1.200,32		1.233,37	1.034,32
45	Mrz. 05	2.433,69		- 1.463,54	970,15	810,33
46	Apr. 05	2.433,69			2.433,69	2.024,64
47	Mai. 05	2.433,69	-1.200,32		1.233,37	1.021,98
48	Jun. 05	2.433,69		- 1.463,54	970,15	800,66
49	Jul. 05	2.433,69			2.433,69	2.000,49
50	Aug. 05	2.433,69	-1.200,32		1.233,37	1.009,79
51	Sep. 05	2.433,69		- 1.463,54	970,15	791,11
52	Okt. 05	2.433,69			2.433,69	1.976,63
53	Nov. 05	2.433,69	-1.200,32		1.233,37	997,74
54	Dez. 05	2.433,69		- 1.463,54	970,15	781,67
	Jahres-summe				**18.548,87**	**15.298,44**

lfd. Nr.	Monat	Annuität	GewSt	KSt	Gesamt	Abzinsung
55	Jan. 06	2.433,69			2.433,69	1.953,05
56	Feb. 06	2.433,69	-1.172,24		1.261,45	1.008,28
57	Mrz. 06	2.433,69		- 1.390,31	1.043,38	830,65
58	Apr. 06	2.433,69			2.433,69	1.929,75
59	Mai. 06	2.433,69	-1.172,24		1.261,45	996,25
60	Jun. 06	2.433,69		- 1.390,31	1.043,38	820,74
	Jahres-summe				**9.477,04**	**7.538,71**
	Gesamt-summe	**146.021,40**	**-25.021,89**	**-31.919,62**	**89.079,90**	**78.943,32**

Dagegen beträgt der Kapitalwert der Leasingfinanzierung:

	Monat	Leasing-rate	Annuität	GewSt	KSt	Gesamt	Abzin-sung
1	Jul. 01	2.449,71				2.449,71	2.449,71
2	Aug. 01	2.449,71		-1.350,04		1.099,67	1.100,65
3	Sep. 01	2.449,71			-1.582,56	867,15	866,51
4	Okt. 01	2.449,71				2.449,71	2.420,49
5	Nov. 01	2.449,71		-1.350,04		1.099,67	1.087,52
6	Dez. 01	2.449,71			-1.582,56	867,15	856,17
	Jahres-summe					**8.833,07**	**8.781,05**
7	Jan. 02	2.449,71				2.449,71	2.391,61
8	Feb. 02	2.449,71		-1.350,04		1.099,67	1.074,55
9	Mrz. 02	2.449,71			-1.582,56	867,15	845,96
10	Apr. 02	2.449,71				2.449,71	2.363,08
11	Mai. 02	2.449,71		-1.350,04		1.099,67	1.061,73
12	Jun. 02	2.449,71			-1.582,56	867,15	835,86
13	Jul. 02	2.449,71				2.449,71	2.334,89
14	Aug. 02	2.449,71		-1.350,04		1.099,67	1.049,07
15	Sep. 02	2.449,71			-1.582,56	867,15	825,89
16	Okt. 02	2.449,71				2.449,71	2.307,04
17	Nov. 02	2.449,71		-1.350,04		1.099,67	1.036,55
18	Dez. 02	2.449,71			-1.582,56	867,15	816,04
	Jahres-summe					**17.666,13**	**16.942,28**

	Monat	Leasing-rate	Annuität	GewSt	KSt	Gesamt	Abzin-sung
19	Jan. 03	2.449,71				2.449,71	2.279,52
20	Feb. 03	2.449,71		-1.350,04		1.099,67	1.024,19
21	Mrz. 03	2.449,71			-1.582,56	867,15	806,31
22	Apr. 03	2.449,71				2.449,71	2.252,32
23	Mai. 03	2.449,71		-1.350,04		1.099,67	1.011,97
24	Jun. 03	2.449,71			-1.582,56	867,15	796,69
25	Jul. 03	2.449,71				2.449,71	2.225,46
26	Aug. 03	2.449,71		-1.350,04		1.099,67	999,90
27	Sep. 03	2.449,71			-1.582,56	867,15	787,18
28	Okt. 03	2.449,71				2.449,71	2.198,91
29	Nov. 03	2.449,71		-1.350,04		1.099,67	987,97
30	Dez. 03	2.449,71			-1.582,56	867,15	777,79
	Jahres-summe					**17.666,13**	**16.148,20**
31	Jan. 04	2.449,71				2.449,71	2.172,68
32	Feb. 04	2.449,71		-1.350,04		1.099,67	976,18
33	Mrz. 04	2.449,71			-1.582,56	867,15	768,51
34	Apr. 04	2.449,71				2.449,71	2.146,76
35	Mai. 04	2.449,71		-1.350,04		1.099,67	964,54
36	Jun. 04	2.449,71			-1.582,56	867,15	759,35
37	Jul. 04	2.449,71				2.449,71	2.121,15
38	Aug. 04	2.449,71		-1.350,04		1.099,67	953,03
39	Sep. 04	2.449,71			-1.582,56	867,15	750,29
40	Okt. 04	2.449,71				2.449,71	2.095,85
41	Nov. 04	2.449,71		-1.350,04		1.099,67	941,66
42	Dez. 04	2.449,71			-1.582,56	867,15	741,34
	Jahres-summe					**17.666,13**	**15.391,33**
43	Jan. 05	2.449,71				2.449,71	2.070,84
44	Feb. 05	2.449,71		-1.350,04		1.099,67	930,43
45	Mrz. 05	2.449,71			-1.582,56	867,15	732,49
46	Apr. 05	2.449,71				2.449,71	2.046,14
47	Mai. 05	2.449,71		-1.350,04		1.099,67	919,33
48	Jun. 05	2.449,71			-1.582,56	867,15	723,76
49	Jul. 05	2.449,71				2.449,71	2.021,73
50	Aug. 05	2.449,71		-1.350,04		1.099,67	908,36
51	Sep. 05	2.449,71			-1.582,56	867,15	715,12
52	Okt. 05	2.449,71				2.449,71	1.997,61
53	Nov. 05	2.449,71		-1.350,04		1.099,67	897,53
54	Dez. 05	2.449,71			-1.582,56	867,15	706,59
	Jahres-summe					**17.666,13**	**14.669,94**

	Monat	Leasing-rate	Annuität	GewSt	KSt	Gesamt	Abzinsung
55	Jan. 06		3.234,14			3.234,14	2.595,41
56	Feb. 06		3.234,14	-1.782,34		1.451,80	1.160,43
57	Mrz. 06		3.234,14		-2.089,32	1.144,82	911,40
58	Apr. 06		3.234,14			3.234,14	2.564,45
59	Mai. 06		3.234,14	-1.782,34		1.451,80	1.146,59
60	Jun. 06		3.234,14		-2.089,32	1.144,82	900,53
	Jahres-summe					**11.661,53**	**9.278,81**
	Gesamt-summe	**132.284,34**	**19.404,84**	**-27.865,30**	**-32.664,74**	**91.159,13**	**81.211,60**

Vergleicht man die Auszahlungen der Kreditfinanzierung (89.079,90 €) mit denen der Leasingfinanzierung (91.159,13 €), so stellt man fest, dass die Auszahlungen der Kreditfinanzierung um 2.079,23 € geringer sind als die der Leasingfinanzierung.

Bei der grafischen Darstellung erkennt man, dass die Summen der Auszahlungen für die Leasingfinanzierung im Vergleich zur Kreditfinanzierung ab dem Jahr 2004 geringer werden, jedoch im Jahr 2006 deutlich höher sind. Der deutliche Anstieg in 2006 begründet sich durch die notwendige Finanzierung des Andienungspreises.

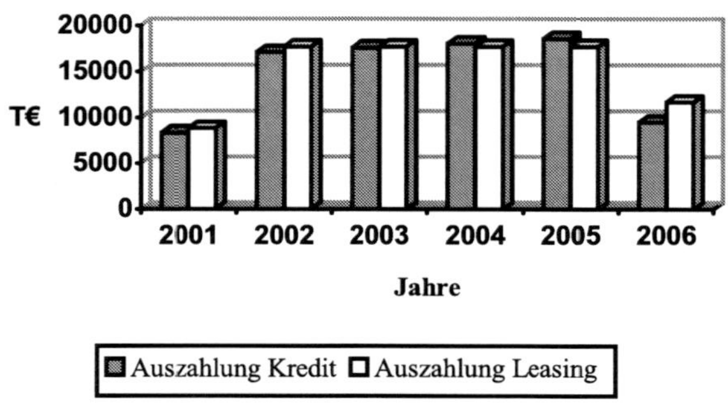

Abbildung 29: „Fritz Klotz GmbH – Vergleich der Auszahlungen“

Auch die Kapitalwerte der Kreditfinanzierung sind mit 78.943,32 € geringer als die der Leasingfinanzierung (81.211,60 €). Nach der oben eingeführten Entscheidungsregel ist die Finanzierungsform günstiger, die den geringeren Auszahlungswert bzw. Auszahlungsbarwert aufweist. Dies ist in diesem Fall die Kreditfinanzierung. Auch erkennt man, dass der Einfluss der Besteuerung nur ergebnisrelevant ist, da sich zwar die Zielgröße, nicht aber die Rangfolge der Finanzierungsform Kreditkauf gegenüber der Finanzierungsalternative Leasing geändert hat.

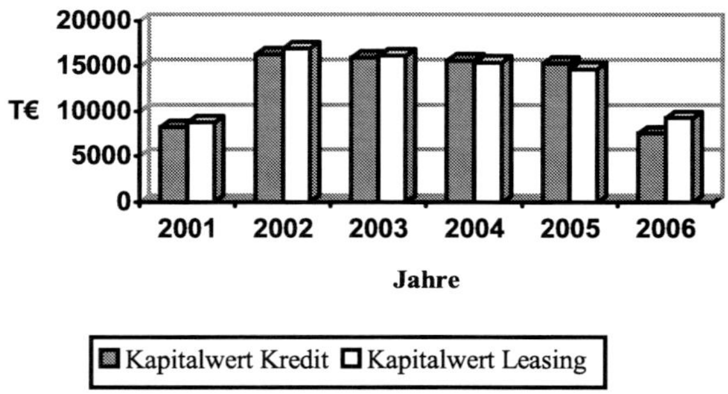

Abbildung 30: „Fritz Klotz GmbH – Vergleich der Kapitalwerte"

Insgesamt sollte man dieses Beispiel, mit dem vor allem die steuerliche Vergleichsrechnung verdeutlicht werden sollte, jedoch nicht überbewerten. Die Vorteilhaftigkeit der einen oder anderen Finanzierungsform hängt, wie bereits im Kapitel 7. besprochen, neben quantitativen Aspekten auch von anderen, individuellen Gegebenheiten ab.

Dennoch sollte jede Investitions- und Finanzierungsentscheidung, so auch die der Fritz Klotz GmbH, genau analysiert werden.

Anhang
Vollamortisations-Erlass

Ertragsteuerliche Behandlung von Leasing-Verträgen über bewegliche Wirtschaftsgüter

BMF-Schreiben vom 19.04.1971 - IV B/2-S 2170-31/71
(BStBl. I 1971, S. 264)

Unter Bezugnahme auf das Ergebnis der Erörterungen mit den obersten Finanzbehörden der Länder wird zu der Frage der steuerlichen Behandlung von Leasing-Verträgen über bewegliche Wirtschaftsgüter wie folgt Stellung genommen:

I. Allgemeines

Der Bundesfinanzhof hat mit Urteil vom 26. Januar 1970 (BStBl 1970 II S. 264) zur steuerlichen Behandlung von sogenannten Finanzierungs-Leasing-Verträgen über bewegliche Wirtschaftsgüter Stellung genommen.

Um eine einheitliche Rechtsanwendung durch die Finanzverwaltung zu gewährleisten, kann bei vor dem 24. April 1970 abgeschlossenen Leasing-Verträgen aus Vereinfachungsgründen von dem wirtschaftlichen Eigentum des Leasing-Gebers am Leasing-Gut und einer Vermietung oder Verpachtung an den Leasing-Nehmer ausgegangen werden, wenn die Vertragsparteien in der Vergangenheit übereinstimmend eine derartige Zurechnung zugrunde gelegt haben und auch in Zukunft daran festhalten. Das gilt auch, wenn die Vertragslaufzeit über den genannten Stichtag hinausreicht (vgl. Schreiben vom 21. Juli 1970 IV B/2 - S 2170 - 52/70, IV A/1 - S 7471 – 10/70, BStBl 1970 I S. 913).

Für die steuerliche Behandlung von nach dem 23. April 1970 abgeschlossenen Leasing-Verträgen über bewegliche Wirtschaftsgüter sind die folgenden Grundsätze zu beachten. Dabei ist als betriebsgewöhnliche Nutzungsdauer der in den amtlichen AfA-Tabellen angegebene Zeitraum zugrunde zu legen.

II. Begriff und Abgrenzung des Finanzierungs-Leasing-Vertrages bei beweglichen Wirtschaftsgütern

1. Finanzierungs-Leasing im Sinne dieses Schreibens ist nur dann anzunehmen, wenn

a) der Vertrag über eine bestimmte Zeit abgeschlossen wird, während der Vertrag bei vertragsgemäßer Erfüllung von beiden Vertragsparteien nicht gekündigt werden kann (Grundmietzeit),

und

b) der Leasing-Nehmer mit den in der Grundmietzeit zu entrichtenden Raten mindestens die Anschaffungs- oder Herstellungskosten sowie alle Nebenkosten einschließlich der Finanzierungskosten des Leasing-Gebers deckt.

2. Beim Finanzierungs-Leasing von beweglichen Wirtschaftsgütern sind im wesentlichen folgende Vertragstypen festzustellen:

a) Leasing-Verträge ohne Kauf- oder Verlängerungsoption

Bei diesem Vertragstyp sind zwei Fälle zu unterscheiden:

Die Grundmietzeit

aa) deckt sich mit der betriebsgewöhnlichen Nutzungsdauer des Leasing-Gegenstandes,

bb) ist geringer als die betriebsgewöhnliche Nutzungsdauer des Leasing-Gegenstandes.

Der Leasing-Nehmer hat nicht das Recht, nach Ablauf der Grundmietzeit den Leasing-Gegenstand zu erwerben oder den Leasing-Vertrag zu verlängern.

b) Leasing-Verträge mit Kaufoption

Der Leasing-Nehmer hat das Recht, nach Ablauf der Grundmietzeit, die regelmäßig kürzer ist als die betriebsgewöhnliche Nutzungsdauer des Leasing-Gegenstandes, den Leasing-Gegenstand zu erwerben.

c) Leasing-Verträge mit Mietverlängerungsoption

Der Leasing-Nehmer hat das Recht, nach Ablauf der Grundmietzeit, die regelmäßig kürzer ist als die betriebsgewöhnliche Nutzungsdauer des Leasing-Gegenstandes, das Vertragsverhältnis auf bestimmte oder unbestimmte Zeit zu verlängern.

Leasing-Verträge ohne Mietverlängerungsoption, bei denen nach Ablauf der Grundmietzeit eine Vertragsverlängerung für den Fall vorgesehen ist, dass der Mietvertrag nicht von einer der Vertragsparteien gekündigt wird, sind steuerlich grundsätzlich ebenso wie Leasing-Verträge mit Mietverlängerungsoption zu behandeln. Etwas anderes gilt nur dann, wenn nachgewiesen wird, dass der Leasing-Geber bei Verträgen über gleiche Wirtschaftsgüter innerhalb eines Zeitraums von neun Zehnteln der betriebsgewöhnlichen Nutzungsdauer in einer Vielzahl von Fällen das Vertragsverhältnis auf Grund seines Kündigungsrechts beendet.

d) Verträge über Spezial-Leasing

Es handelt sich hierbei um Verträge über Leasing-Gegenstände, die speziell auf die Verhältnisse des Leasing-Nehmers zugeschnitten und nach Ablauf der Grundmietzeit regelmäßig nur noch beim Leasing-Nehmer wirtschaftlich sinnvoll verwendbar sind. Die Verträge kommen mit oder ohne Optionsklausel vor.

III. Steuerliche Zurechnung des Leasing-Gegenstandes

Die Zurechnung des Leasing-Gegenstandes ist von der von den Parteien gewählten Vertragsgestaltung und deren tatsächlicher Durchführung abhängig. Unter Würdigung der gesamten Umstände ist im Einzelfall zu entscheiden, wem der Leasing-Gegenstand steuerlich zuzurechnen ist.

Bei den unter II.2. genannten Grundvertragstypen gilt für die Zurechnung das Folgende:

1. Leasing-Verträge ohne Kauf- oder Verlängerungsoption

Bei Leasing-Verträgen ohne Optionsrecht ist der Leasing-Gegenstand regelmäßig zuzurechnen

a) dem Leasing-Geber,

wenn die Grundmietzeit mindestens 40 v.H. und höchstens 90 v.H. der betriebsgewöhnlichen Nutzungsdauer des Leasing-Gegenstandes beträgt,

b) dem Leasing-Nehmer,

wenn die Grundmietzeit weniger als 40 v.H. oder mehr als 90 v.H. der betriebsgewöhnlichen Nutzungsdauer beträgt.

2. Leasing-Verträge mit Kaufoption

Bei Leasing-Verträgen mit Kaufoption ist der Leasing-Gegenstand regelmäßig zuzurechnen

a) dem Leasing-Geber,

wenn die Grundmietzeit mindestens 40 v.H. und höchstens 90 v.H. der betriebsgewöhnlichen Nutzungsdauer des Leasing-Gegenstandes beträgt und der für den Fall der Ausübung des Optionsrechts vorgesehene Kaufpreis nicht niedriger ist als der unter Anwendung der linearen AfA nach der amtlichen AfA-Tabelle ermittelte Buchwert oder der niedrigere gemeine Wert im Zeitpunkt der Veräußerung,

b) dem Leasing-Nehmer,

aa) wenn die Grundmietzeit weniger als 40 v.H. oder mehr als 90 v.H. der betriebsgewöhnlichen Nutzungsdauer beträgt oder

bb) wenn bei einer Grundmietzeit von mindestens 40 v.H. und höchstens 90 v.H. der betriebsgewöhnlichen Nutzungsdauer der für den Fall der Ausübung des Optionsrechts vorgesehene Kaufpreis niedriger ist als der unter Anwendung der linearen AfA nach der amtlichen AfA-Tabelle ermittelte Buchwert oder der niedrigere gemeine Wert im Zeitpunkt der Veräußerung.

Wird die Höhe des Kaufpreises für den Fall der Ausübung des Optionsrechts während oder nach Ablauf der Grundmietzeit festgelegt oder verändert, so gilt entsprechendes. Die Veranlagungen sind gegebenenfalls zu berichtigen.

3. Leasing-Verträge mit Mietverlängerungsoption

Bei Leasing-Verträgen mit Mietverlängerungsoption ist der Leasing-Gegenstand regelmäßig zuzurechnen

a) dem Leasing-Geber,

wenn die Grundmietzeit mindestens 40 v.H. und höchstens 90 v.H. der betriebsgewöhnlichen Nutzungsdauer des Leasing-Gegenstandes beträgt und die Anschlussmiete so bemessen ist, dass sie den Wertverzehr für den Leasing-Gegenstand deckt, der sich auf der Basis des unter Berücksichtigung der linearen Absetzung für Abnutzung nach der amtlichen AfA-Tabelle ermittelten Buchwerts oder des niedrigeren gemeinen Werts und der Restnutzungsdauer lt. AfA-Tabelle ergibt,

b) dem Leasing-Nehmer,

aa) wenn die Grundmietzeit weniger als 40 v.H. oder mehr als 90 v.H. der betriebsgewöhnlichen Nutzungsdauer des Leasing-Gegenstandes beträgt

oder

bb) wenn bei einer Grundmietzeit von mindestens 40 v.H. und höchstens 90 v.H. der betriebsgewöhnlichen Nutzungsdauer die Anschlussmiete so bemessen ist, dass sie den Wertverzehr für den Leasing-Gegenstand nicht deckt, der sich auf der Basis des unter Berücksichtigung der linearen AfA nach der amtlichen AfA-Tabelle ermittelten Buchwerts oder des niedrigeren gemeinen Werts und der Restnutzungsdauer lt. AfA-Tabelle ergibt.

Wird die Höhe der Leasing-Raten für den Verlängerungszeitraum während oder nach Ablauf der Grundmietzeit festgelegt oder verändert, so gilt entsprechendes.

Abschnitt II Nr. 2 Buchstabe c Sätze 2 und 3 sind zu beachten.

4. Verträge über Spezial-Leasing

Bei Spezial-Leasing-Verträgen ist der Leasing-Gegenstand regelmäßig dem Leasing-Nehmer ohne Rücksicht auf das Verhältnis von Grundmietzeit und Nutzungsdauer und auf Optionsklauseln zuzurechnen.

IV. Bilanzmäßige Darstellung von Leasing-Verträgen bei Zurechnung des Leasing-Gegenstandes beim Leasing-Geber

1. Beim Leasing-Geber

Der Leasing-Geber hat den Leasing-Gegenstand mit seinen Anschaffungs- oder Herstellungskosten zu aktivieren. Die Absetzung für Abnutzung ist nach der betriebsgewöhnlichen Nutzungsdauer vorzunehmen.

2. Beim Leasing-Nehmer

Die Leasing-Raten sind Betriebsausgaben.

V. Bilanzmäßige Darstellung von Leasing-Verträgen bei Zurechnung des Leasing-Gegenstandes beim Leasing-Nehmer

1. Beim Leasing-Nehmer

Der Leasing-Nehmer hat den Leasing-Gegenstand mit seinen Anschaffungs- oder Herstellungskosten zu aktivieren. Als Anschaffungs- oder Herstellungskosten gelten die Anschaffungs- oder Herstellungskosten des Leasing-Gebers, die der Berechnung der Leasing-Raten zugrunde gelegt worden sind, zuzüglich etwaiger weiterer Anschaffungs- oder Herstellungskosten, die nicht in den Leasing-Raten enthalten sind (vgl. Schreiben vom 5. Mai 1970 - IV B/2 - S 2170 - 4/70 -).

Dem Leasing-Nehmer steht die AfA nach der betriebsgewöhnlichen Nutzungsdauer des Leasing-Gegenstandes zu.

In Höhe der aktivierten Anschaffungs- oder Herstellungskosten mit Ausnahme der nicht in den Leasing-Raten berücksichtigten Anschaffungs- oder Herstellungskosten des Leasing-Nehmers ist eine Verbindlichkeit gegenüber dem Leasing-Geber zu passivieren.

Die Leasing-Raten sind in einen Zins- und Kostenanteil sowie einen Tilgungsanteil aufzuteilen. Bei der Aufteilung ist zu berücksichtigen, dass sich infolge der laufenden Tilgung der Zinsanteil verringert und der Tilgungsanteil entsprechend erhöht.

Der Zins- und Kostenanteil stellt eine sofort abzugsfähige Betriebsausgabe dar, während der andere Teil der Leasing-Rate als Tilgung der Kaufpreisschuld erfolgsneutral zu behandeln ist.

2. Beim Leasing-Geber

Der Leasing-Geber aktiviert eine Kaufpreisforderung an den Leasing-Nehmer in Höhe der den Leasing-Raten zugrunde gelegten Anschaffungs- oder Herstellungskosten. Dieser Betrag ist grundsätzlich mit der vom Leasing-Nehmer ausgewiesenen Verbindlichkeit identisch.

Die Leasing-Raten sind in einen Zins- und Kostenanteil sowie in einen Anteil Tilgung der Kaufpreisforderung aufzuteilen. Wegen der Aufteilung der Leasing-Raten und deren steuerlicher Behandlung gelten die Ausführungen unter V.1. entsprechend.

VI. Die vorstehenden Grundsätze gelten entsprechend auch für Verträge mit Leasing-Nehmern, die ihren Gewinn nicht durch Bestandsvergleich ermitteln.

Teilamortisations-Erlass

BMF-Schreiben vom 22.12.1975 - IV B 2-S 2170-161/75
(BB 1976, S. 72)

Steuerrechtliche Zurechnung des Leasing-Gegenstandes beim Leasing-Geber

Unter Bezugnahme auf das Ergebnis der Erörterung mit den obersten Finanzbehörden der Länder hat der Bundesminister der Finanzen zu einem Schreiben des Deutschen Leasing-Verbandes vom 24.7.1975 wie folgt Stellung genommen:

1. Gemeinsames Merkmal der in dem Schreiben des Deutschen Leasing-Verbandes dargestellten Vertragsmodelle ist, dass eine unkündbare Grundmietzeit vereinbart wird, die mehr als 40 v.H., jedoch nicht mehr als 90 v.H. der betriebsgewöhnlichen Nutzungsdauer des Leasing-Gegenstandes beträgt und dass die Anschaffungs- oder Herstellungskosten des Leasing-Gebers sowie alle Nebenkosten einschließlich der Finanzierungskosten des Leasing-Gebers in der Grundmietzeit durch die Leasing-Raten nur zum Teil gedeckt werden. Da mithin Finanzierungs-Leasing im Sinne des BMF-Schreibens über die ertragsteuerrechtliche Behandlung von Leasing- Verträgen über bewegliche Wirtschaftsgüter vom 19.4.1971 (BStBl I S. 264) nicht vorliegt, ist die Frage, wem der Leasing-Gegenstand zuzurechnen ist, nach den allgemeinen Grundsätzen zu entscheiden.

2. Die Prüfung der Zurechnungsfrage hat folgendes ergeben:

a) Vertragsmodell mit Andienungsrecht des Leasing-Gebers, jedoch ohne Optionsrecht des Leasing-Nehmers

Bei diesem Vertragsmodell hat der Leasing-Geber ein Andienungsrecht. Danach ist der Leasing-Nehmer, sofern ein Verlängerungsvertrag nicht zustande kommt, auf Verlangen des Leasing-Gebers verpflichtet, den Leasing-Gegenstand zu einem Preis zu kaufen, der bereits bei Abschluss des Leasing-Vertrags fest vereinbart wird. Der Leasing-Nehmer hat kein Recht, den Leasing-Gegenstand zu erwerben. Der Leasing-Nehmer trägt bei dieser Vertragsgestaltung das Risiko der Wertminderung, weil er auf Verlangen des Leasing-Gebers den Leasing-Gegenstand auch dann zum vereinbarten Preis kaufen muss, wenn der Wiederbeschaffungspreis für ein gleichwertiges Wirtschaftsgut geringer als der vereinbarte Preis ist. Der Leasing-Geber hat jedoch die Chance der Wertsteigerung, weil er sein Andienungsrecht nicht ausüben muss, sondern das Wirtschaftsgut zu einem über dem Andienungspreis liegenden Preis verkaufen kann, wenn ein über dem Andienungspreis liegender Preis am Markt erzielt werden kann.

Der Leasing-Nehmer kann unter diesen Umständen nicht als wirtschaftlicher Eigentümer des Leasing-Gegenstandes angesehen werden.

b) Vertragsmodell mit Aufteilung des Mehrerlöses

Nach Ablauf der Grundmietzeit wird der Leasing-Gegenstand durch den Leasing-Geber veräußert. Ist der Veräußerungserlös niedriger als die Differenz zwischen den Gesamtkosten des Leasing-Gebers und den in der Grundmietzeit entrichteten Leasing-Raten (Restamortisation), so muss der Leasing-Nehmer eine Abschlusszahlung in Höhe der Differenz zwischen Restamortisation und Veräußerungserlös zahlen. Ist der Veräußerungserlös hingegen höher als die Restamortisation, so erhält der Leasing-Geber 25 v.H. der Leasing-Nehmer 75 v.H. des die Restamortisation übersteigenden Teils des Veräußerungserlöses.

Durch die Vereinbarung, dass der Leasing-Geber 25 v.H. des die Restamortisation übersteigenden Teils des Veräußerungserlöses erhält, wird bewirkt, dass der Leasing-Geber noch in einem wirtschaftlich ins Gewicht fallenden Umfang an etwaigen Wertsteigerungen des Leasing-Gegenstandes beteiligt ist. Der Leasing-Gegenstand ist daher dem Leasing-Geber zuzurechnen.

Eine ins Gewicht fallende Beteiligung des Leasing-Gebers an Wertsteigerungen des Leasing-Gegenstandes ist hingegen nicht mehr gegeben, wenn der Leasing-Geber weniger als 25 v.H. des die Restamortisation übersteigenden Teils des Veräußerungserlöses erhält. Der Leasing-Gegenstand ist in solchen Fällen dem Leasing-Nehmer zuzurechnen.

c) Kündbarer Mietvertrag mit Anrechnung des Veräußerungserlöses auf die vom Leasing-Nehmer zu leistende Schlusszahlung

Der Leasing-Nehmer kann den Leasing-Vertrag frühestens nach Ablauf einer Grundmietzeit, die 40 v.H. der betriebsgewöhnlichen Nutzungsdauer beträgt, kündigen. Bei Kündigung ist eine Abschlusszahlung in Höhe der durch die Leasing-Raten nicht gedeckten Gesamtkosten des Leasing-Gebers zu entrichten. Auf die Abschlusszahlung werden 90 v.H. des vom Leasing-Geber erzielten Veräußerungserlöses angerechnet. Ist der anzurechnende Teil des Veräußerungserlöses zuzüglich der vom Leasing-Nehmer bis zur Veräußerung entrichteten Leasing-Raten niedriger als die Gesamtkosten des Leasing-Gebers, so muss der Leasing-Nehmer in Höhe der Differenz eine Abschlusszahlung leisten. Ist jedoch der Veräußerungserlös höher als die Differenz zwischen Gesamtkosten des Leasing-Gebers und den bis zur Veräußerung entrichteten Leasing-Raten, so behält der Leasing-Geber diesen Differenzbetrag in vollem Umfang.

Bei diesem Vertragsmodell kommt eine während der Mietzeit eingetretene Wertsteigerung in vollem Umfang dem Leasing-Geber zugute. Der Leasing-

Geber ist daher nicht nur rechtlicher, sondern auch wirtschaftlicher Eigentümer des Leasing-Gegenstandes.

Die vorstehenden Ausführungen gelten nur grundsätzlich, d.h. nur insoweit, wie besondere Regelungen in Einzelverträgen nicht zu einer anderen Beurteilung zwingen.

Aufteilung der Leasingraten in einen Zins- und einen Kostenanteil sowie in einen Tilgungsanteil

BMF vom 13.12.1973 - S 2170-5/41-VB 1

Nach dem Erlass vom 15. Juni 1973 ergibt sich in Fällen, in denen der Leasing-Gegenstand dem Leasing-Nehmer zugerechnet wird, der in den Leasing-Raten enthaltene Zins- und Kostenanteil, wenn die Summe der Leistungen, die der Leasing-Nehmer vor und während des Grundmietzeitraums zu erbringen hat, um den Betrag der Anschaffungs- oder Herstellungskosten des Leasing-Gebers, die der Berechnung der Leasing-Raten zugrunde gelegt worden sind, vermindert wird. Bei der Aufteilung der einzelnen Raten ist zu berücksichtigen, dass sich infolge der laufenden Tilgung der Zinsanteil verringert und der Tilgungsanteil erhöht.

Der Leasing-Nehmer kann den in den einzelnen Leasing-Raten enthaltenen Zins- und Kostenanteil in der Weise ermitteln, dass er die Summe der auf das Wj. entfallenden Leasing-Raten um die Differenz zwischen den Barwerten der zu passivierenden Verbindlichkeit gegenüber dem Leasing-Geber am Beginn und am Ende des Wj. (Tilgungsanteil) verringert. Als Barwert der Verbindlichkeit im Zeitpunkt ihrer Begründung sind die vom Leasing-Nehmer zu aktivierenden Anschaffungs- und Herstellungskosten mit Ausnahme der nicht in den Leasing-Raten berücksichtigten Anschaffungs- oder Herstellungskosten des Leasing-Nehmers anzusehen.

Da der Zinsanteil bei der Barwertvergleichsmethode nur unter Zuhilfenahme von Zinstabellen ermittelt werden kann, bestehen jedoch keine Bedenken, den Zinsanteil statt durch Vergleich der Barwerte nach der Zinsstaffelmethode zu ermitteln. Denn auch die Zinsstaffelmethode geht davon aus, dass der Zinsanteil infolge der laufenden Tilgung fortlaufend geringer wird. Bei der Zinsstaffelmethode kann der Zins- und Kostenanteil einer Leasing-Rate nach der folgenden Formel ermittelt werden:

$$\frac{\text{Summe der Zins- und Kostenanteile aller Leasing-Raten}}{\text{Summe der Zahlenreihe aller Raten}} \cdot \text{Anzahl der restlichen Raten} + 1$$

Dabei ist die Summe der Zins- und Kostenanteile aller Leasing-Raten die Differenz zwischen der Summe aller Leasing-Raten einerseits und den Anschaffungs- oder Herstellungskosten für den Leasing-Gegenstand, die bei der Ermittlung der Leasing-Raten zugrunde gelegt worden sind, andererseits.

Die Summe der Zins- und Kostenanteile ist einheitlich zu ermitteln und zu behandeln. Es ist nicht zulässig, die Kostenanteile gesondert zu ermitteln und in gleichen Jahresbeträgen (linear) auf die Grundmietzeit zu verteilen.
Die Summe der Zahlenreihe aller Raten wird nach der Summenformel für eine endliche arithmetische Reihe ermittelt:

$$Sn = \frac{n}{2} \cdot (g1+gn)$$

Dabei bedeuten:
n = Zahl der insgesamt zu leistenden Raten
g1 = 1
gn = Zahl der noch zu leistenden Raten.

Hat der Leasing-Nehmer zu Beginn des Leasing-Verhältnisses eine einmalige Sonderzahlung zu leisten, so ist diese als Aufgeld anzusehen, vom Leasing-Nehmer zu aktivieren und auf die Grundmietzeit zu verteilen. Die Verteilung ist, da es sich bei dem Aufgeld wirtschaftlich gesehen um eine zusätzliche Vergütung für den Kredit handelt, entsprechend der Verteilung der Zins- und Kostenanteile vorzunehmen:

Beispiel — Die Anschaffungskosten des Leasing-Gegenstandes, die der Ermittlung der Leasing-Raten zugrunde gelegt worden sind, betragen 60.000 DM. Die Grundmietzeit beträgt 6 Jahre. Die jährlich zu entrichtenden Leasing-Raten belaufen sich auf jeweils 15.000 DM.

Vor Beginn des Leasing-Verhältnisses hat der Leasing-Nehmer einen einmaligen Zuschlag von 6.000 DM zu leisten.

Im Beispielsfall sind 6 Raten zu entrichten, so dass sich als Summe aller Raten

$$\frac{6}{2} \cdot (1+6) = 21$$

ergibt.

Die Summe der Zins- und Kostenanteile aller Leasing-Raten beträgt:

6 Raten zu je 15.000 DM	90.000 DM
./. Anschaffungskosten	60.000 DM
Gesamtgebühr	30.000 DM.

Für die erste Leasing-Rate ergibt sich mithin der folgende Zins- und Kostenanteil:

$$\frac{30.000}{21} \cdot (1+5) = 8.571,42 \text{ DM}$$

für die zweite Leasing-Rate dementsprechend:

$$\frac{30.000}{21} \cdot (1+4) = 7.142,85 \text{ DM}$$

für die dritte Leasing-Rate 5.714,28 DM,
für die vierte Leasing-Rate 4.285,71 DM,
für die fünfte Leasing-Rate 2.857,14 DM,
für die letzte Leasing-Rate 1.428,57 DM.

Der einmalige Zuschlag von 6.000 DM ist als Disagio anzusehen, vom Leasing-Nehmer zu aktivieren und auf die Grundmietzeit zu verteilen. Im Beispielsfall beträgt das Verhältnis des einmaligen Zuschlags zu der Summe der Zins- und Kostenanteile der Leasing-Raten 1:5. Demzufolge ist der gebildete Aktivposten bei Fälligkeit der ersten Leasing-Rate mit 1/5 von 8.571,42 DM = 1.714,28 DM, bei Fälligkeit der zweiten Leasing-Rate mit 1/5 von 7.142,85 DM = 1.428,57 DM usw. gewinnmindernd aufzulösen.

Dieser Erlass ergeht im Einvernehmen mit dem BMF und den obersten Finanzbehörden der anderen Länder.

Umsatzsteuer bei Leasinggeschäften

OFD Hamburg, Verfügung vom 13. 09.1991 - S 7100 - 116/91 - St 23 –

1. Allgemeines

Die Umsatzsteuerrichtlinien geben in Abschnitt 25 Abs. 4 den Hinweis, dass die Übergabe eines Leasinggegenstandes durch den Leasinggeber an den Leasingnehmer eine Lieferung ist, wenn der Leasinggegenstand einkommensteuerrechtlich dem Leasingnehmer zuzurechnen ist. Auf das BFH-Urteil vom 1. Oktober 1970 (BStBl II 1971, 34) ist verwiesen.

Die grundlegenden ertragsteuerlichen Regelungen zu Leasingverträgen finden sich in den BMF-Schreiben vom 19. April 1971 (BStBl I 1971, 264) für bewegliche Wirtschaftsgüter und vom 21. März 1972, BStBl I 1972, 188 bzw. vom 9. Juni 1987, BStBl I 1987, 440 für unbewegliche Wirtschaftsgüter. Diese Regelungen sind durch BMF-Schreiben vom 22. Dezember 1975 (Betriebsberater 1976, 72) für Teilamortisationsmodelle ergänzt worden.

Die umsatzsteuerliche Einordnung als Lieferung oder sonstige Leistung der in den BMF-Schreiben beschriebenen Modelle ergibt sich für bewegliche Wirtschaftsgüter aus der nachstehenden Übersicht (Abkürzungen: ND = betriebsgewöhnliche Nutzungsdauer, GMZ = Grundmietzeit).

Vollamortisationsvertrag

Vertragstyp	Einordnung	als
ohne Kauf- oder Mietverlängerungsoption	- GMZ kürzer als 40% der ND	Lieferung
	- GMZ länger als 90% der ND	Lieferung
	- GMZ zwischen 40% und 90% der ND	sonst. Leistung
mit Kaufoption	- GMZ kürzer als 40% oder länger als 90% der ND	Lieferung
	- GMZ zwischen 40% und 90% der ND und Optionskaufpreis entspricht dem linearen Restbuchwert bzw. dem niedrigeren gemeinen Wert	sonst. Leistung
mit Mietverlängerungsoption oder Fortsetzungsvereinbarung	- GMZ kürzer als 40% oder länger als 90% der ND	Lieferung

	- GMZ zwischen 40% und 90% der ND und Anschlussmiete entspricht dem Wertverzehr des linearen Restbuchwerts bzw. des niedrigeren gemeinen Wertes	sonst. Leistung
	Liegt die Miete darunter:	Lieferung
Teilamortisationsmodell		
ohne Kauf- oder Mietverlängerungsoption	mit Andienungsrecht des Leasinggebers	sonst. Leistung
Kündbarer Mietvertrag	mit Anrechnung des Veräußerungserlöses auf die vom Leasingnehmer zu leistende Schlusszahlung	sonst. Leistung
mit Aufteilung des Verkaufserlöses nach Ablauf der Grundmietzeit	wenn der Leasinggeber zu 25 % oder mehr am Überschuss des gesamten Veräußerungspreises über die Restamortisation beteiligt ist	sonst. Leistung
	wenn der Leasinggeber zu weniger als 25 % beteiligt ist	Lieferung
Spezialleasing		
Unabhängig vom Vertragstyp		Lieferung

Beim Leasing unbeweglicher Wirtschaftsgüter liegt in aller Regel eine sonstige Leistung vor; ertragsteuerlich ist das Leasing dieser Wirtschaftsgüter nur vorteilhaft, wenn das Wirtschaftsgut dem Leasinggeber zugerechnet wird (vgl. Gabele/Kroll, Grundlagen des Immobilien-Leasing, DB 1991, 241).

2. Änderungen der Leasingbedingungen während der Laufzeit des Vertrages

Werden während der Vertragslaufzeit die Leasingbedingungen geändert und ist als Ergebnis der Änderung der Leasinggegenstand anders zuzuordnen, wird aus einer sonstigen Leistung eine Lieferung. Aus einer Lieferung kann eine sonstige Leistung nur werden, wenn die Lieferung rückabgewickelt ist. Dabei ist die Vorschrift des § 17 Abs. 2 Ziffer 3 UStG zu beachten.

3. Bemessungsgrundlage

Im Fall einer Lieferung ergibt sich das Entgelt aus der Summe der Leasingraten, bei einer Kaufoption zuzüglich des vereinbarten Kaufpreises, bei einer Mietverlängerungsoption zuzüglich der vereinbarten Leasingverlängerungsraten bis zum

Ablauf der voraussichtlichen Nutzungsdauer (BFH vom 1. Oktober 1970 VR 49/70, BStBl II 1971, 34). Ist die Überlassung des Leasinggegenstandes als sonstige Leistung einzuordnen, bestimmt sich das Entgelt nach der Leasingrate, die für eine Leasingperiode, in der Regel einen Monat, vereinbart worden ist.

Erhält der Leasinggeber bei Rückgabe des Gegenstandes zusätzlich eine als Entschädigung für Wertminderung bezeichnete Zahlung, ist diese als Nutzungsentgelt anzusehen, wenn sie auf schlechten Erhaltungszustand des Gegenstandes gestützt wird. Von einem schlechten Erhaltungszustand ist auszugehen, wenn der Leasinggegenstand, weil die Nutzung intensiver als vorgesehen war, den kalkulierten Restwert nicht erreicht. Die Zahlung ist Schadenersatz, beruht also nicht auf einer steuerbaren Leistung des Leasinggebers, wenn der Leasinggeber an dem Gegenstand einen Schaden (bei einem Fahrzeug z.B. Unfallschaden) beseitigen lassen muss.

4. Entstehung der Steuer

Bei einer Lieferung entsteht die Steuer, sobald die Verfügungsmacht am Leasinggegenstand verschafft wird. Bei einer sonstigen Leistung entsteht die Steuer jeweils mit Ablauf des periodischen Voranmeldungszeitraums, für den die Leasingrate zu entrichten ist (Abschn. 177 Abs. 4 UStR).

5. Vorsteuerabzugsberechtigung

- beim Leasinggeber:

Ausschluss des Vorsteuerabzugs, wenn der Leasinggegenstand ein Grundstück o.ä. ist und steuerfrei nach § 4 Nr. 12a und b UStG dem Leasingnehmer überlassen wird; eine steuerfreie Überlassung nach § 4 Nr. 9a UStG kommt beim Leasing nicht in Betracht (vgl. Kempke, Betriebsberater 1986, 641).

- beim Leasingnehmer:

Es gelten die allgemeinen Ausschlussgrundsätze.

6. Auszahlung von Vorsteuerüberschüssen

Die Leasinggeber refinanzieren sich in der Regel über Banken und treten zur Sicherheit oder im Wege der Forfaitierung den Anspruch auf die Leasingraten an die refinanzierende Bank ab. Vor Auszahlung von Vorsteuerüberschüssen ist zu prüfen, ob der Leasinggeber die Zahlung der Umsatzsteuer aus den künftig anfallenden Leasingraten sichergestellt hat.

7. Entstehung der Steuer bei Abtretung der Leasingraten

Überträgt der Leasinggeber seinen Anspruch auf die Leasingraten durch Verkauf (z.B. im Wege der Forfaitierung) an einen Dritten gegen Entgelt, so hat dieser Vorgang keine Bedeutung für die Entstehung der Umsatzsteuer aus der Leasingleistung. Das Entgelt für den Verkauf tritt nicht an die Stelle der Bemessungsgrundlage für den Umsatz aus dem leasingweise überlassenen Gegenstand (vgl. Abschn. 177 Abs. 4 UStR).

8. Vorzeitige Beendigung von Leasingverträgen

Bei der Zahlung, die ein Leasingnehmer im Falle vorzeitiger Beendigung eines Leasingvertrags an den Leasinggeber zu leisten hat, ist zu unterscheiden zwischen Fällen, in denen der Kündigung durch den Leasinggeber eine Pflichtverletzung des Leasingnehmers zugrunde liegt und anderen Fällen vorzeitiger Vertragsbeendigung.

Zahlungen, die der Leasingnehmer infolge pflichtwidrigen Handelns zu leisten hat, sind entsprechend der zivilrechtlichen Beurteilungen als nicht steuerbarer Schadensersatz anzunehmen (vgl. BGH-Urteil vom 11. Februar 1987, Betriebsberater 1987, 1349).

In anderen Fällen vorzeitiger Vertragsbeendigung - insbesondere bei einvernehmlicher Aufhebung des Vertrages - stellen Ausgleichszahlungen des Leasingnehmers Gegenleistungen im Rahmen eines steuerbaren Leistungsaustausch dar; denn sie werden dafür geleistet, dass die andere Vertragspartei in die vorzeitige Auflösung des Vertragsverhältnisses einwilligt (vgl. auch Vfg. vom 6. Juli 1988 S 7100 Karte 17 zur vorzeitigen Auflösung von Mietverhältnissen) (OFD Hamburg: vgl. auch Vfg. vom 09.12.1981 S 7100-61/81-St 34).

9. Konkurs des Leasingnehmers

Sowohl der Leasingnehmer als auch der Konkursverwalter sind berechtigt, das Leasingverhältnis zu kündigen. Kündigt der Konkursverwalter, dann ist der Leasinggeber berechtigt, Ersatz des ihm durch die Aufhebung des Leasingvertrages entstehenden Schadens zu verlangen. Umsatzsteuerlich ist dieser Fall wie die vorzeitige Beendigung eines Leasingvertrages zu behandeln; vgl. Ziffer 8.

10. Konkurs des Leasinggebers

Im Konkurs des Leasinggebers bleibt der Vertrag mit dem Leasingnehmer gem. § 21 Konkursordnung wirksam.

In der Regel gehört der Anspruch auf die Leasingrate nicht mehr zur Konkursmasse. Diesen Anspruch hat der Leasinggeber (im Wege des Factoring oder der

Forfaitierung oder auch nur sicherungshalber) regelmäßig an das den Leasinggegenstand finanzierende Institut abgetreten. Das Kreditinstitut hat sich zur Sicherung des Anspruchs auf die Leasingraten außerdem das Sicherungseigentum an den Leasinggegenständen einräumen lassen. In der Konkursmasse befindet sich daher allenfalls ein Anspruch auf Rückübereignung der Leasinggegenstände nach Erfüllung der Ratenverpflichtungen des Leasingnehmers.

Es kommt vor, dass Konkursverwalter einen Interessenten für die Leasingverträge finden, der die Verpflichtungen aus den Verträgen übernimmt (in der Regel sind darin auch Wartungsverpflichtungen enthalten) und dem die Verträge gegen Zahlung eines Entgelts übertragen werden. Der Interessent übernimmt in aller Regel auch die Rückgewährungsansprüche des Leasinggebers gegenüber den Kreditinstituten.

Solche Maßnahmen des Konkursverwalters zur Verwertung der Leasingverträge ändern nichts daran, dass der bisherige Leasinggeber bzw. sein Konkursverwalter die Leasinggegenstände aufgrund des weiterhin gem. § 21 Konkursordnung wirksamen Vertrages an die Leasingnehmer überlässt. Um seine Leistungspflicht zu erfüllen, bedient sich der Konkursverwalter der Vertragsübernehmer, die ihm gegenüber verpflichtet sind, die Verpflichtungen des Leasinggebers gegenüber dem bisherigen Leasingnehmer zu erfüllen. Es liegt daher je ein Leistungsverhältnis von dem neuen Leasinggeber an den Konkursverwalter und von diesem an die bisherigen Leasingnehmer vor. Eine direkte Leistungsbeziehung zwischen den neuen Leasinggebern und den bisherigen Leasingnehmern wird es regelmäßig nicht geben, da für die Leasingnehmer kein Interesse an der Vertragsübernahme durch einen neuen Leasinggeber besteht und sie daher der Vertragsübernahme nicht zustimmen werden.

Umsatzsteuerlich tritt durch den Konkurs des Leasinggebers keine Änderung der Leistungsbeziehungen ein. Der Konkursverwalter schuldet die Umsatzsteuer aus der Überlassung der Leasinggegenstände zu Lasten der Masse.

Die Leistungsbeziehung zwischen dem neuen Leasinggeber und dem Konkursverwalter ist daneben getrennt zu werten. Entgelt für die Übernahme der Verträge ist nicht nur die an den Konkursverwalter geleistete Zahlung, sondern auch die Verpflichtung zur Gebrauchsüberlassung der Leasinggegenstände.

Verwertet das finanzierende Kreditinstitut die sicherungsübereigneten Leasinggegenstände, entfällt für den Konkursverwalter die Möglichkeit, seiner Verpflichtung zur Überlassung der Leasinggegenstände an die Leasingnehmer weiter nachzukommen. Die Leasingnehmer sind dann auf Schadensersatzansprüche an die Konkursmasse angewiesen. Wenn die Bank, indem sie einen neuen Leasinggeber einschaltet, die Gegenstände neu verleast, werden auch umsatzsteuerrechtlich neue Leistungsbeziehungen zwischen Leasinggeber und Leasingnehmer begründet.

Die Verwertung der Leasinggegenstände durch die Bank kommt insbesondere beim Immobilienleasing in Betracht. Denn hierbei ist gem. § 21 Abs. 2 Konkursordnung die Abtretung der Leasingraten für die Zeit nach dem Monat der Konkurseröffnung nicht wirksam. In diesen Fällen steht der Anspruch auf die Leasingraten der Konkursmasse zu. Die Abtretung an ein finanzierendes Kreditinstitut geht ins Leere. Das Kreditinstitut ist berechtigt, die ihm sicherungsweise übertragenen Leasinggegenstände zu verwerten. Dies geschieht in der Regel in der Weise, dass die Gegenstände vom Konkursverwalter an einen neuen Leasinggeber veräußert werden, der die Leasingverträge mit den bisherigen Leasingnehmern dann fortsetzt. Das Verwertungsgeschäft über die Leasinggegenstände ist nach den üblichen Regeln zu behandeln. Es ist also davon auszugehen, dass ein Umsatz vom bisherigen Leasinggeber (= Konkursmasse) an die finanzierende Bank und von dieser an den neuen Leasinggeber vorliegt. Die Überlassung der Leasinggegenstände vom neuen Leasinggeber an den bisherigen Leasingnehmer ist wie ein Neugeschäft zu beurteilen.

Hinzurechnung nach § 8 Nr. 7 des GewStG;

FinMin BW vom 26.04.2000 - 3-G 142.2/18

Auswirkungen des Urteils des Europäischen Gerichtshofs vom 26. Oktober 1999, C-294/97 (BStBl II S. 851) zur Vereinbarkeit gewerbesteuerlicher Hinzurechnungsvorschriften für gemietete Anlagegüter mit dem Gebot des freien Dienstleistungsverkehrs nach Art. 59 EG-Vertrag (nunmehr Art. 49 EG-Vertrag)

Der Gerichtshof der Europäischen Gemeinschaften hat mit Urteil vom 26. Oktober 1999 entschieden, dass die Regelung in § 8 Nr. 7 GewStG nicht mit Artikel 59 EG-Vertrag (freier Dienstleistungsverkehr) vereinbar ist, weil sie Leasing-Geber mit Sitz in einem anderen EU-Mitgliedstaat diskriminiert.

Bis zu einer gesetzlichen Neuregelung ist in den Fällen, in denen der ausländische Vermieter, Verpächter oder Leasing-Geber in einem EU- bzw. EWR-Staat oder in einem Staat ansässig ist, mit dem ein Doppelbesteuerungsabkommen besteht, die Festsetzung des Gewerbesteuermessbetrags gegen den inländischen Mieter, Pächter oder Leasing-Nehmer nach § 165 Abs. 1 Satz 4 AO auszusetzen, soweit sie die Hinzurechnung nach § 8 Nr. 7 Satz 1 GewStG betrifft. Dies gilt nicht für die Fälle des § 8 Nr. 7 Satz 2 Halbsatz 2 GewStG, in denen unabhängig davon, ob die Miet- oder Pachtzinsen beim Vermieter oder Verpächter zur Gewerbesteuer heranzuziehen sind, eine Hinzurechnung stattfindet.

In die Bescheide ist folgender ergänzender Text aufzunehmen:

"Im Hinblick auf die Entscheidung des Gerichtshofs der Europäischen Gemeinschaften vom 26. Oktober 1999, C-294/97 (BStBl II S. 851) wurden bei der Ermittlung des Gewerbeertrags Miet- und Pachtzinsen nicht gemäß § 8 Nr. 7 Satz 1 GewStG hinzugerechnet, soweit sie an ausländische Vermieter, Verpächter oder Leasing-Geber gezahlt wurden, die in EU- bzw. EWR-Staaten oder solchen Staaten ansässig sind, mit denen Doppelbesteuerungsabkommen bestehen, und die im Inland mit diesen Erträgen nicht der Gewerbesteuer unterliegen. Insoweit wurde die Festsetzung des Gewerbesteuermessbetrags bis zu einer gesetzlichen Regelung gemäß § 165 Abs. 1 Satz 4 Abgabenordnung ausgesetzt. Diese Maßnahme ist nur vorläufig. Die Hinzurechnung kann daher nachgeholt werden, sofern eine künftige gesetzliche Regelung weiterhin eine Hinzurechnung vorsieht."

Dieser Erlass ist in allen noch nicht bestandskräftigen Fällen anzuwenden.

Er ergeht im Einvernehmen mit den obersten Finanzbehörden der anderen Länder.

Literaturverzeichnis

Bitz, M./Schneeloch, D./Wittstock, W.: Der Jahresabschluss, 3. Auflage, München 2000

Bordewin, A.: Leasing im Steuerrecht, 3. Auflage, Wiesbaden 1989

Bordewin, A.: Leasingverträge in Handels- und Steuerbilanz, in: Neue Wirtschafts-Briefe, Fach 17, Seite 1435 – 1462, Heft Nr. 22/1986, S. 1813 - 1840

Büschgen, H. (Hrsg.): Praxishandbuch Leasing, München 1998

Engel, J.; Miete, Kauf, Leasing, 2. Auflage, Bonn 1997

Gabele, E./Kroll, M.: Leasingverträge optimal gestalten, 2. Auflage, Wiesbaden 1995

Gabele, E./Weber, F.: Kauf oder Leasing, Bonn 1985

Gebhard, J.: Finanzierungsleasing, Steuern und Recht: eine ökonomische Analyse, Wiesbaden 1999, zugleich Diss. Regensburg 1988/89

Haberstock, L.: Kredit-Kauf oder Leasing? Ein Vorteilhaftigkeitsvergleich unter Berücksichtigung der steuerlichen Auswirkungen, in: Curtius-Hartung, R./Niemann, U./Rose, G. (Hrsg.): Steuerberater-Jahrbuch 1982/83, Köln 1983, S. 443 – 509

Hastedt, U.-P./Mellwig, W.: Leasing – Rechtliche und ökonomische Grundlagen, Heidelberg 1998

Helmschrott, H.: Leasingverträge in der Handels- und Steuerbilanz, Wiesbaden 1997, zugleich Diss. Mannheim 1996

Hock, K./Frost, H.: Ratgeber Leasing: Leasing besser beurteilen, 2. Auflage, Freiburg i.Br. 1993

Kratzer, J./Kreutzmair, B.: Leasing in Theorie und Praxis, Wiesbaden 1997

Kroll, M.: Kauf oder Leasing – Entscheidungsmodelle für die Praxis, Wiesbaden 1992, zugleich Diss. Bamberg 1992

Kroll, M.: Finanzierungsalternative Leasing, Stuttgart 1997

Krumbholz, St./Streitferdt, L.: Leasing oder Kreditfinanzierung, Köln 1975

Maus, G.: Leasing in Handels- und Steuerbilanz, Herne 1996

Mellwig, W.: Investition und Besteuerung: ein Lehrbuch zum Einfluss der Steuern auf die Investitionsentscheidung, Wiesbaden 1985

Schneeloch, D.: Besteuerung und betriebliche Steuerpolitik, Band 1: Besteuerung, 3. Auflage, München 1998

Schneeloch, D.: Besteuerung und betriebliche Steuerpolitik, Band 2: Betriebliche Steuerpolitik, München 1994

Spittler, H.-J.: Leasing für die Praxis, 5. Auflage, Köln 1999

Tacke, H.: Leasing, 3. Auflage, Stuttgart 1999

Wagner, F./Dirrigl, H.: Die Steuerplanung der Unternehmung, Stuttgart 1980

Westphalen, Graf v.: Der Leasingvertrag, 5. Auflage, Köln 1998

Stichwortverzeichnis